世界を動かした素敵な
女性トップリーダー23人

国際的に活躍できる
日本の女性リーダーを創る

山中燁子 Akiko Yamanaka

The 23
Most Fabulous
Women
in the World

目次

はじめに

新型コロナウイルスのパンデミック（世界的大流行）から抜け出した時に、国際社会はどのようになっていくのでしょうか？　ポストコロナの時代を予測するのは難しいことです。しかし行動様式も変われば、私たちの日常生活も変わっていきますし、価値観も変わり、同時に国際関係も変わってくることは容易に想像できます。

未来を予測するには、現在の状況を的確にとらえることが大事だと思うので、今の時代の潮流を複眼的に見ていきましょう。

コロナ禍のパンデミックによって、日常生活が喪失して、人々の生活は二極化を加速させてしまいました。すなわち、貧富の差の拡大です。

それに加えて、世界各地で自然災害が増加しています。地震、津波、洪水、干ばつ、森林火災、竜巻、火山噴火、ハリケーン、台風、サイクロンなどなど。スイス・リー（スイス再保険会社）によると、２０１７年だけで自然災害の損失は３６００億ドル（約36兆円）に上ります。この金額は日本の歳入に近い莫大《ばくだい》な金額です。

また、国際社会では、独裁国家における人道・人権の侵害が増加しています。この問題を内政問題と片づけるには、目に余るものとなってきました。こういう国家の振る舞いは政治的不安定要素となり、民主主義の曲がり角ともいわれています。その背景には、民族・宗教問題、麻薬、テロ、大量破壊兵器の拡散というような全世界的に継続する問題と、石油流出、金融不安定化、サイバーテロ、そして自然資源の争奪戦という地域間問題があります。

さらには、力による国境の変更という前近代的な手法が、再び頭をもたげてきているのです。こういう国家権力の乱用を押しとどめるすべを、国際社会は築けていなかったことの証左ではないでしょうか？　国際連合が第二次世界大戦の勝者連合であるという立場を乗り越えて、国際社会の平和と安定を追求する組織として機能することはできないのでしょうか？　日本にはまだ敵国条項が適用されていますし、安全保障理事会で拒否権を持ついわゆる戦勝5ヶ国が、総会よりも力を持つ構造を改善することが、非常に不安定な時代の国際関係をあるべき方向に導く大きなツールなのですが、そのような議論は下火になっていることも懸念材料です。

また、日本を客観的に見ると、国民一人当たりのGDP（国内総生産）は世界第24位となっています。経済だけが発展の指標ではありませんが、経済は国民生活の基盤を支える重要な要素です。日本は高度経済成長期、その後の世界第2の経済大国だったころとはすでに違うのですが、どうも政府の政策や意識はそのころの流れを踏襲しているように思われてなりません。だからこそ、別の視点を持つ、経済観念に優れた女性が活躍しなければ、日本はジリジリと下がり続けて、国際社会において信頼や尊敬の念も失ってしまう懸念を強く感じます。

ハーバード大学の故ケネス・ガルブレイス教授には、3回お会いしましたが、その言葉は今でも、私の生き方の指標になっています。

最初にお会いしたのが、1994年にハーバード大学のライシャワー日本研究所に招聘《しょうへい》された時に、元駐日大使のライシャワー教授から、大学人としてもインド大使を務めた外交官としても、同僚として親しく敬愛する人物として紹介され、大変緊張してお会いしました。穏やかで優しいまなざしでしたが、発する言葉は端的で鋭く、その存在感に圧倒されました。「アキコ、日本と米国は優れた製品を生み出すことに大成功した。しかし、本当にHappy Peopleを生み出したかどうかは疑問だ！」とおっしゃったのです。

教授が20歳ほど若く美しい奥様と、東京でクラシックの演奏会にいらしていた姿が、今でも目に浮かびます。

2回目は1997年のことでした。教授は国会議員になった私に国会議員として考えるべきこととして、「21世紀の問題は3つある。1つは貧富の差、2つ目は核問題、そして3つ目は伝統的な偏見の問題。例えば宗教、民族、性差など」と述べました。今、21世紀の真っただ中にいる私たちは、まさにこの3つの問題に直面しているのです。

そして、3度目は2001年でした。90歳を超えていらしたので、自宅でお会いしたのですが、車椅子から立ち上がって3度同じ言葉を繰り返しました。「日本はアメリカのまねをするのはもうやめなさい。そして、日本は自国のアイデンティティーを築きなさい」。これは、私にとっては遺言のように聞こえました。お別れする時に、「若い人と結婚したら自分も若返る気がしていたが、そんなことはなかった！」と茶目っ気たっぷりに奥様の横でささやいて、皆をなごませてから、階段に備え付けられた一般家屋用のボックス型エレベーターで手を振りながら2階の自室に上がっていかれました。それが、私が最後に接したガルブレイス教授でした。

序章

女性が政治に参加する
意味と意義

私の心に残ったトップリーダーの女性は、総合的視座を持ち、バランス感覚に優れていて、そして強い決断力を持っている女性ということになります。特に政治という分野で成功している方は、国民と国の安定・平和・繁栄のために働くステーツマンシップを上げることができています。また、特に宰相という立場の場合には国民と国土を守るという安全保障、特に、予防外交の視点をきちんと持っているかが問われます。男性・女性に関係なく日本の将来を担う人々には、それぞれの人間としての資質や特徴を学んでほしいのです。もっとも、残念ながら統治に成功しなかった方もいますが、そこからも学ぶことは多いと思います。

ところで、日本の現状は、まだまだ男性優位です。多くの方がご存じのとおり、国際的にもそのように指摘されています。例えば、2022年3月のIPU（列国議会同盟）の調査によると、日本の女性国会議員数は191ヶ国中165番目であり、相変わらず低い位置にあります。しかも、2021年には女性衆議院議員の割合は10％を超えていましたが、2021年10月の選挙で当選した割合は9・7％と下がってしまったのです。女性の参政権が付与された1946年の最初の選挙では、39人の女性国会議員が誕生し、8・4％でした。しかし、その1年後の選挙では3・2％に下がりました。さらに下がり続けて、1976年にはなんと1・2％になってしまったのです。これは、今までで一番低い数字です。そこから徐々に増え始め2017年にはようやく1946年の8・4％を超えたのですが、2022年時点でもまだ9・7％です。

そのような中で、2018年には選挙における候補者を男女均等にするという「候補者男女均等法」が成立し、2021年には改正されました。2021年の衆議院選挙では、残念ながらその成果は見られませんでしたが、2022年の参議院選挙で3割を超えたということが話題になりました。しかし、この法案はフランスのパリテ法のような罰則はありません。罰則があるほうがいいと言うわけではありません。つまり罰則のあるパリテ法も2000年に施行されたにもかかわらず、17年間すべての政党が罰金を払っても実現されませんでした。しかし2017年にマクロン氏が新しい政党を組織して、このパリテ法に基づき半数を女性の候補者にすることを明確にしたところ、支持が急上昇して大統領選挙に勝利したという経緯を忘れてはいけないということです。

他方、男女共同参画推進法案が議決されて、女性の各分野における登用率を30％にすることを目指しています。そして、公務員の女性登用率はなんと27％まで達成できていますので、あと一歩で目標を到達することになります。

また、2015年に女性活躍推進法案が議決され、同年から施行されていますが、内容は以下のとおりです。

＊働く意思のある女性に対して、採用、教育訓練、昇進、職種や雇用形態の変更、その他の機会を平等に、積極的に提供すること
＊女性の個性と能力が十分に発揮できるような環境整備
＊結婚、妊娠、出産、育児や介護といった家庭生活と仕事が両立できるような環境整備
＊仕事と家庭の両立に関して、女性自身の意思が尊重されること

となっていますが、２０２１年には改正法が議決され、以下の３点が強化されたことも理解しなければなりません。

① 一般事業主行動計画の策定義務の対象拡大
② 女性活躍に関する情報公表の強化
③ 特例認定制度（プラチナえるぼし）の創設

しかし、一般の国民に聞いてみると、「アイデンティティーとして浮かぶものがない」という意見が多いとされています。すなわち、これは女性が働くことを前提として構築された図式ということになるのです。ある程度の地位、例えば取締役会の女性を3割にする、国家公務員に女性を3割雇用するというように、数字の目安が目標として独り歩きし、とにかく、その数をこなすことが女性に理解のあるビジネスとしても必要であり、実際の貢献度や人材の育成などの視点は、あまり重視されていません。その結果として、若い人たちの中から次のような言葉を聞きます。

・「ダイバーシティとか女性活躍とか騒がれているけれど、それって何ですか？」
・「『女性』と一くくりに語ることはできない」
・「女性に限らず、ダイバーシティという観点からみると実にいろいろな個性があって、その個性によって働きづらい状況もまだまだある」

そんな中で『女性の活躍』という言葉が、ある時に上からドーンとおりてきて、『何で女性のことばかり』と思いながら、取り組んでいる企業も実は多くなっているのです。言い換えれば「『女性の活躍』と声高に言われることに、実は多くの女性たちも違和感を持っている」、「女性だけではなくて、すべての人が多様な個性を認められ、それぞれの状況に合わせて柔軟に働き方を選べることが必要だ」といった意見が散見されているのが現実なのです。

そして、日本の女性活躍のアイデンティティーは、まだ構築されていないのが現状です。そのためには、女性も男性も含む「老壮青の日本人の活躍のアイデンティティー」のビジョンと制度の構築が急務です。

では、女性リーダーの数が少ないということは、どのような弊害があるのでしょうか？　それは、日本の政策にはエンパシーが足りない、欠如しているということになります。

エンパシーとは、すなわち、人の気持ちを考え、思いやること。しかし、他人と自分を同一視するのではなく、他人の心情をくみ取ることを意味します。政策や制度において、このエンパシーが欠如しているというのは、ハンディキャップがある人、身体が不自由なお年寄り、生活苦に悩む人など社会的弱者への思いやりのある制度になっていないということです。ここで考えてみると、先進国としては、米国は強い者が勝つという社会です。欧州は弱い者にも助けを出すという社会です。では、国土が狭く、資源に乏しく、人口密度が高く、自然災害が頻発し、経済が低迷している超高齢化社会の日本において、私たちはどのようなビジョンを持って、社会を築かなければならないのでしょうか?

エンパシーの欠如は、具体的には、どのような現象として表れているのでしょうか?

例えば、私が北海学園大学の教授だったころ、北海道大学には多くの留学生が来ていました。その時に、アジアからの学生たちが、「日本には第一外国人と第二外国人がいる」という話をしていたことがありました。それには正直びっくりしました。すなわち、欧米はじめ白人の留学生は、大学や他の場で友人をたくさんつくり、日本の家庭にも招かれ、クリスマス会などにも参加していましたが、アジアからの留学生というと、そのような場所には全く声が掛からず、自分たちの仲間で過ごしていたのです。そこで私は、親日国のスリランカから留学している医学生を講師にして「スリランカを知る会」を企画したところ、なんと100人余り聴衆が集まりました。これは、日本人に偏見があるのではなく、知る機会がないことが問題であるということです。その医学生は「留学して4年間、自分の国のスライドをたくさん持ってきたのですが、初めて、見てもらうことができました」と言って、一筋の涙を流した顔が忘れられません。

また、米国人の友人が「アキコ、日本には体の不自由な人が少ないのね? みんな健康なのかしら?」と言うので、なぜかと尋ねたところ、欧米の街には、車椅子の人々が結構いるのですが、日本の街角には車椅子で移動している人が極めて少ないので、みんな車椅子を使う必要がなく健康なのだと思ったのだそうです。それを聞いて、日本社会に欠如している情けない部分と思いました。おそらく日本ですと、車椅子でいろいろな人に迷惑を掛けたり、世話になったりすることを遠慮しようという意識が働くことや、恥ずかしいと思う社会風潮が底流にあるからでしょう。確かに欧米のいわゆる先進国では、車椅子でも堂々とどこにでも出かけ、たまたま居合わせた人々が当たり前のように補助している光景があります。

日本では、大きなスーツケースを抱えて階段を上がるのはとても大変で苦労することがありますが、英国ロンドンのパディントン駅では、ヒースローに行く地下鉄に乗り換える時にエレベーターがありませんでした。しかし、上層階に行くときには必ず、通りがかりの人がスッと持って上まで運んでくれることや、下りる時も同じ行動があり、ただの一度も立ち往生したことがなかった記憶があります。つまり、それは相手が誰であれ、どんな状況であれ、手助けできる人がごく自然に手助けするのが当たり前という社会なのです。親切な国であるとされている日本では、こうした現象はほとんど見られません。

30年ほど前に、欧州の福祉について視察をした時のことです。パリ10区の老人ホームには、その地区の中高生が定期的に訪れ、話し相手のいない高齢者と会話を交わす習慣のあることに感銘を受けました。それは、言うまでもなく、高齢者にとっては話し相手となる若者と楽しくゆったり過ごす時間であり、核家族化している若者にとっては、高齢者に接し、高齢化とはどういうことかを実地体験として学べる利点があります。

またデンマークでは、英語の教育は必須とされています。欧州で暮らすには英語力が不可欠と考えていましたが、デンマーク人の中には英語ができなくても一生問題なく暮らせる人たちも相当数いるのです。ただし、そういう人たちに英語を義務付けるのは、個人の選択を制限することになるという問題もあります。そこで、当時は10歳までは英語の評価はせず、その後、本人と家族の選択により英語を履修するかしないかを選択するという判断をしています。つまり、英語は不要と決めたら、それ以降、英語を履修する必要はありません。英語を選択した場合は、将来、学業や職業で役立つレベルの英語教育を施します。日本のように、皆が同じことをするのが平等という意識と、本人が選択する機会を提供するのが平等という意識では、平等の意味するものが全く異なることを私たちは考えなくてはいけません。

日本では、同じ物・同じ行動をするのが平等という概念と考えられがちです。

しかし、必ずしもそうではありません。

ロンドンの郊外にあるリッチモンドという町には、日本の大学生のホームステイを受け入れる組織があります。そこを訪問して、日本からの留学生の状態を調査したことがあります。すると、留学生の趣味や特技とホストファミリーの趣味などが一致するようにできるだけ気を配ります。そして、留学生の趣味が音楽の場合は、家族で1回音楽会に行く代金が、観劇の場合は、家族で観劇に行く代金が加算されます。また、読書が趣味の場合は加算金はありません。なぜなら、図書館は無料だからです。

もし、日本でホストファミリーの受け入れ代金が異なれば、文句が出るのではないでしょうか。しかし、英国ではホームステイした学生の満足度が指標になるので、学生が同じように満足すれば、これが平等なのです。

その当時のフィンランドを思い出してみると、中学校では、保健教員が担当の医師と連携して、生徒のメンタル部分をサポートしていました。「あの子はイライラしている様子だが、カルシウム不足ではないかと気になるので、親と相談してみる」というように学校が親との面談を行い、子供の健康状態をチェックしていた例があります。さらに、いろいろな悩みを抱えた子供を助ける一つの手段として、各学校に専門のセラピストが常駐する相談室が設けられていました。そこは、誰にも気づかれずに訪れることができ、セラピストは教員にも親にも伝えない秘匿義務があるので、子供たちは全面的に信頼して、悩みを打ち明けます。結果、その内容によっては、親子で話し合う場を設定することができたり、担任の教師と子供に対してのアドバイスを行う機会を設け、時にはクラスごとのリハビリを実施したりもしていました。つまり、一番大事にしたい基本は、子供の人権を尊重し大事にすることなのです。

一方で、その当時、日本は、中学生の自殺が急増している時でした。米国のアーリントン（バージニア州）で行われた国際交渉論の日本人講師として国務省に招かれた時にも、「なぜ、平和で豊かな日本で、中学生の自殺が起こり得るのか？　しかも何人も続いている」と質問されたことがあります。私は、日本の中学生にとって一番大事な人権対応が見逃されているのではないかと感じた時でした。過去のこれらの記憶を基に国会議員の職に就いた時に、日本の各中学校にカウンセラーを配置してはどうかと提案し、うれしいことに、与野党の多くの方がもろ手を挙げて賛成してくれました。というところまでは良かったのですが、その結果として、当時の文部科学大臣が誇らしげに語ったこととしては、予算を取って、各校にカウンセリングルームを設置しただけで、肝心のセラピストが不足しているため、カウンセラーの配置は見送られ、保健教員が担当するという不完全なものになってしまいました。しかも、その後もカウンセラー養成は全く進まず、その専門性や秘匿義務も担保していません。それでは、体制は整っていると言っても、魂の入っていない中途半端な内容であり、すなわち、私が提案して多くの方々が賛成して望んでいたフィンランド並みの整備ではなく、人権が守られない制度となってしまいます。子供であっても、一人の人間として人権を尊重されるような制度が整っていれば、さまざまな悩みを持つ子供たちの自殺や事件を防げたでしょう。

現在、日本は少子化対策担当大臣まで設置しています。しかし、少子化に歯止めが掛からないのが現状なのです。

そして、どれだけの子供が児童虐待や育児放棄で亡くなっているか！　どれだけの未成年の自殺者がいるのか！　ということまで問われなければなりません。では、どうするのか？　それを防ぐには、国が自国の子供の人権を守ることを真剣に考えることが肝要です。今の民主主義は道半ばであると言わざるを得ないということです。ちなみに北欧では、小学生の一学級は20人以下と定められています。この人数は担当教師の目が行き届く範囲とされているからです。日本は少子化を逆手にとって、一クラスの人数を減らす好機であるにもかかわらず、学校を統廃合し、子供の人権を守ることを考えるせっかくのチャンスをふいにして、経済効率を優先する姿勢は変わっていません。

日本は、人権よりも経済効率を優先している限りは、人権意識は育たず、ひいては男性優位の社会の継続につながっていくと考えざるを得ません。

私は、2020年の新型コロナパンデミックになるまで、英国を起点に欧州はもちろん、イラク、イラン、エチオピア、ナイジェリア、イスラエル、パレスチナなど多くの国を訪れ、講演し、また、人々と会い、会話をする機会を得ました。実は、ある時、足の甲を骨折してギプスをはめていました。そんな状態で行動することは、皆さんに迷惑を掛けると思い、講演をキャンセルしようと相談していた時に、主催者から「1年も前から企画していたのですし、ギプスをはめていても何も問題ないので、是非、講演にお越しください」という返事でした。そこで、私としては断る理由もなくなったので、片足にギプスをはめたまま、つえをついて講演のために欧州へ伺いました。

その時の最初の講演は、英国のロンドンでしたが、ありがたいことに主催者がすべて手配してくれていて、移動の際の車の乗り降りも問題なく、また、舞台への登壇も、スッと何事もないかのように補助してくれて、「骨折をしているので、皆さんに手伝っていただき、ご迷惑を掛けました」と感謝の意を伝えると、「それは日本人の発想ですよ!」「全く問題ありませんし、迷惑でもありません」と口々に言われたことを思い出します。その後、ドイツのバイエルン、チェコなど欧州を回りましたが、どこも、英国と同様に、飛行機の乗り降りも、車椅子だけでなく、飛行機の反対側のドアから降りられる昇降機の付いた車が用意されており、十分なケアを目の当たりにしました。また、地方の小さな空港でさえも、飛行機はボンバルディア社のような小さな機体だったため、いくら「ノー・プロブレム！」と言われても心配でいると、乗客を全員降ろした後、背が1メートルもある不思議な形の椅子が持ち込まれ、それに座ると、何本ものベルトで体を固定され、男性3名で前と後ろから持ち上げて、あっという間に降機した経験があります。いぶかしがって尋ねると、それは山岳救助隊が使う救出道具ですが、飛行場も飛行機も小さいので、行動が不自由な人のために用意されているとのことでした。

そのような経験から私は、東京パラリンピックの時に日本の対応はどうかと心配していましたが、とてもスムーズに行われていて、皆さんが喜んでいたようだったのでほっとしました。しかし、このパラリンピックの経験から、体の不自由な人たちのための車椅子をはじめ、さまざまな設備が各飛行場に備え付けられたのであれば、これは、パラリンピックが日本国民にもたらした成果と言えるのですが、それは連動しない側面もあるということを私たちは考えなければならないでしょう。車椅子やその他の備えもあると思いますが、医者の診断書があっても、車椅子を使う手続きさえ手間が掛かるのが、日本の現状です。

また、ある時に私の妹が、「故郷日本が遠く思えた」と言ったことがあります。それは、英国に住んでいて、まだ息子が小さかった時に里帰りして、近所の公園に行くと、野球をやっている小学生がいて、それをじっと眺めていたのですが、誰一人声を掛けてくれるでもなく、何もせずに帰ってきたそうです。私も含め、日本人でしたら、それは普通の光景と思うでしょうが、英国では考えられない状況なのです。何が異なるかというと、小さな男の子が、野球をしている子供たちをじっと見ていると、必ず誰かが、「野球やってみたい？」と聞いてくれます。

そして「この子が野球をやってみたいんだって！」と声を掛けると、シフトを組み直して、バットを振らせてくれるからです。子供同士の関係が自然に湧き起こります。2、3回打たせてくれて、「楽しかった？　もういい？」と声を掛けると、ほとんどの場合に子供は「ありがとう」と言って満足そうにその場を離れます。すると「シフトに戻って！」と、少年たちは何事もなかったように野球を続けるのです。それは、小さな子に対しての思いやりです。

私たちの住む日本は、「外国人（白人）」に対しては親切な国と評されています。でも、日本人の子供やお年寄り、社会的弱者には不親切な国と評価されている一面があります。私は切に願います。この日本を、次の世代には、当たり前に、エンパシーが政策や制度に生かされる国になってほしいと。そのために、より多くの多様な視座を持つリーダーを政治に送り込まなければなりません。もちろん、そのような視座を持つ男性もどんどん増えていくことが大事であり、それは、すでに、時代の流れになってきていると言えます。

皆さんにこう投げかけたいと思います。日本が急成長した時代に活躍した人たちや、その薫陶を受けた人たちが、昔の価値観で、「国が豊かになることは経済が豊かになることである」という信念を持ち続けるのは無理な時代になりつつあることを、日本全体で認識する時が来ているのではないでしょうか？

ポストコロナの社会は価値観、行動様式、日常生活、そして国際関係も変化していきますし、すでに変化が起こっています。その時に、私たちが目標とする社会の基本理念をもう一度設定し直すことが肝要なのです。それは、「非伝統的な安全保障の理念」すなわち「人間の安全保障」と「予防外交」ということが大事であり重要なのです。この視点をきちんと導入することによって、日本・日本人の将来が平和で安定し、日本人として、あるいは、日本で暮らして良かったと思えるような優しさを感じる温かな国、まさにエンパシーのある国をつくれるということを理解していただきたいのです。

今、このような時代だからこそ、男性優位の政治経済を男性も女性もその特色を生かしながら、お互いに補強し合って、次の世代のために堅固で安定した社会、国、そして国際社会を築くことが求められているのではないでしょうか？　ところが、国際統計の指標では日本は女性登用が非常に遅れています。女性の数を増やせばいいのでしょうか？　どうやら、男性にとって御しやすい女性を登用して、数合わせをするという傾向も散見されます。それは、違うのではないでしょうか？　では、日本においては、国政で活躍してほしい、社会をリードしてほしいと思う女性たちをどのように押し上げていくことができるでしょうか？　そういう視点で、世界各国でリーダーとして活躍してきた女性たちの生き方を通して、日本がどうあるべきかに向き合ってみたいと思います。中でも、私が出会った素敵な女性リーダーの人となりも紹介して、日本流の男女平等のあり方を考えてみましょう。

もちろん、歴史上では、エリザベス1世やヴィクトリア女王をはじめ、キュリー夫人やナイチンゲール、マザーテレサなどは、さまざまな分野でまさに世界を変えた女性たちです。しかし、これからの日本においても、真の信頼できる老壮青の女性リーダーが活躍し、育ってほしいとの願いを込めて、私が実際にお会いした方々を取り上げて、その人物像に触れていきたいと思います。

客員教授としてケンブリッジ大学に滞在していた時に、たまたまエリザベス女王（2世）がケンブリッジ大学の植物園を見学においでになりました。ケンブリッジ駅で列車を降りられて、周りの人々にニコニコと笑顔で接し、話しかけると必ず立ち止まって耳を傾ける、おしゃれで小柄な女王に触れて、今回是非、ご紹介したいスピーチがあります。２０２１年11月に英国グラスゴーで行われたＣＯＰ26（第26回気候変動枠組条約締約国会議）において、95歳になるエリザベス女王がビデオメッセージで挨拶しました。そこには思慮深い言葉遣いで、思い切った貴重な提案が盛り込まれていました。それは、

“It is sometimes observed that what leaders do for the people today is government and politics. But what they do for the people tomorrow is statesmanship”（意訳すれば、「現在世界のリーダーたちが国民に対して行っていることは、往々にして政争と政治屋的行動のように見受けられる。しかし、将来の国民に対しては政治家精神にのっとっていくことになるであろう」）、〈中略〉“chance to rise up about politics of the moment and achieve true statesmanship”（意訳すれば、「現在の政治屋的思考と手法を真の政治家的精神と手法に高めるチャンスである」）。

すなわち、ポリティシャンとは、政治に携わり、それによって利権を得たり名誉欲を満足させたりする人をいい、ステーツマンとは、国家・国民のために行動するいわば公僕を意味しています。アメリカのジェイムズ・ポール・クラークが〝A politician thinks of the next election and a statesman thinks of the next generation.〟（政治屋は次の選挙を考え、政治家は次の時代を考える）と喝破しました。一般的には、金銭や権力など利権を得ることに熱心な政治家を揶揄《やゆ》して「政治屋《せいじや》」と呼びます。

日本では、特に、女性の国会議員には、ステーツマンシップを持った政治家になってほしいと願っています。

ところで、エリザベス女王は25歳で即位し、2022年に在位70年を迎えました。まだ14歳の王女が第一次世界大戦中に、国民、特にコモンウェルス（英連邦）の子供たちに向けて、ラジオを通じて、励ましのスピーチをしたのは有名な話です。

エリザベス女王は2022年9月8日に逝去されましたが、その2日前の9月6日に、トラス新首相の親任を行いました。その時は、左手に故フィリップ殿下の杖を持ち、右手の甲には紫色の点滴の跡が見られましたし、公式行事の時の洋装ではなく、ブラウスにカーディガンとプリーツスカートというカジュアルな装いでしたので、お身体のお具合が芳しくないのかといぶかられました。でも、最後まできちんと公務をされて、21歳の時に、女王になることを前提にしたBBC放送で、「私の全生涯を、長いか短いかにかかわらず、皆さんのために捧げることを宣言します」という約束を見事に果されました。しかも、ご自分の葬儀や死去後の新国王の即位や、ウィリアム王子とキャサリン妃の新しい称号付与など、時間を置かず行うことまで「ロンドン橋計画」に記されていたといいます。さらには、歴史的経緯からスコットランドに対しての敬意を込めた「ユニコーン作戦」も事細かく計画されていました。それが女王自身が参画して練った計画ということで、見事に女王という立場を全うしたことに、頭が下がる思いです。

そして、ただちに即位したチャールズ3世の女王への弔辞も見事なスピーチでした。特に、最後の一言「May flights of angels sing thee to thy rest！ 安らかにお眠りくださるように、空に舞う天使たちがあなたのために歌いますように（意訳）」は、シェイクスピアの『ハムレット』からの引用で、この構成もまさに伝統的な王道を行くものでした。

13歳の時の初恋の相手と21歳で結ばれて、４人の子供を授かった女王は、家族にも恵まれて幸せな人生と思われますが、現実にはさまざまな困難を抱えて歩んでこられたと思います。第一次世界大戦、第二次世界大戦のみならず、北アイルランドの独立運動テロ事件の頻発や、先ごろのＥＵ（欧州連合）離脱など、女王の思いとは異なる方向に歴史が動いていくこともありました。また、家族の問題でも、ダイアナ妃の死去、アンドリュー王子の醜聞、ヘンリー王子の王室離脱というスキャンダルを抱えながらも、公務に影響を及ぼさない姿勢は、まさに、バランスを上手に取りながら、瞬時に決断し、自分の役目に徹する。意志の強さを感じました。政治的発言を極めて用心深く避けている姿勢の中で、ポリティシャンとステーツマンという政治に携わる人々、世界のリーダーに向けて、これだけ明確な、しかし思慮深い表現で、ご自分の思いを美しい英語で表現されたことに、改めて女王の生きざまを感じました。

エリザベス女王の凛《りん》とした生涯に深く敬意を表したいと思います。


ちなみにヨーロッパの王室は、長い間男系が受け継いできましたが、デンマークでは当時の国王フレデリック9世には、王女が3人で王子はおりませんでした。ところが、国王の弟一家は国民からの人気が高くなかったために、憲法と王位継承法が改正され、国王の長女であるマルグレーテ2世が1972年に女王に即位し、現在も健在でご活躍です。

その後、1979年にスウェーデンが、男女関係なく長子が継ぐことに法改正をしましたので、長女であるヴィクトリア皇太子に受け継がれることになります。他のヨーロッパの王室はなだれを打って長子継承になりました。

しかし、他の王室とは異なり、英王室は男子優先であるものの、男児がいない場合は女子が即位するという国王直系優先でした。その英王室でさえ、男女平等の国際的な流れの中で、2013年についに長子継承に法改正されました。王室のありようは国によって、地域によって、また、宗教によって異なりますが、時代の流れというものが大きな要素となっているのも否めません。


さて、これから紹介する私の出会った女性たちは、国や立場、その強みも弱みも異なりますが、それぞれ個性的でもあり、素敵な方々です。

世界を変えた女性たちと私が出会えたのは、運の良いことでしたので、皆さんにもその人となりをご紹介したいと思います。

1、将来・未来を見据えて能力を発揮した人物は、ＧＨＱのベアテ・シロタ・ゴードン氏です。
2、統治能力を発揮し、自国経済を好転させた人物は英国のマーガレット・サッチャー首相とコロナ対策でも評価されたドイツのアンゲラ・ドロテア・メルケル首相です。
3、食糧である農業普及に尽力したのは、ペルーのマリソル・エスピノサ副大統領です。
4、環境意識を変えようとしたのは、ケニアの環境活動家のワンガリ・マータイ環境大臣です。
5、国際社会や地域社会の発展と安定のためにそれぞれの場でそれぞれの方法で能力を発揮し、人材育成にも貢献してきたのは、フィリピンのレティシア・ラモス・シャハニ上院議員、英国のシャーリー・ウィリアムズ貴族院議員、スウェーデンのアンナ・リンド外務大臣、英国のエマ・ニコルソン貴族院議員などです。
6、女性も含む個人や弱者の生活向上のために、改革力を発揮したのは、クオータ制度を導入したノルウェーのグロ・ハーレム・ブルントラント首相、サンフランシスコ市長時代に画期的な発想で託児所を設置した米国のダイアン・ゴールドマン・バーマン・ファインスタイン上院議員です。

7、個人の人権や民主主義のために強固な意志力と突破力を発揮したのは、米国のナンシー・パトリシア・ペロシ下院議長、独立後のラトビアのヴァイラ・ヴィーチェ＝フレイベルガ大統領、教育改革や健康保険制度にチャレンジしたのは米国のヒラリー・ロダム・クリントン国務長官です。

8、国際秩序の順守に果敢に資質を開花させたのは、インドネシアのスシ・プジアストゥティ海洋水産大臣、大統領の経験で力を発揮してほしいと期待されているのがベロニカ・ミチェル・バチェレヘリア大統領です。

9、自分の理想と国の現実の間で苦しんだのは韓国の朴槿恵大統領です。

10、それぞれの国で女性や子供の支援をしているロイヤルズは、カタールのモーザ・ビント・ナーセル・アル＝ミスナド首長妃、ヨルダンのラーニア・アル＝アブドゥッラー王妃、そして、デンマークのメアリー・エリザベス皇太子妃でしょう。

11、日本の誇る女性たちは森山真弓官房長官、緒方貞子国連難民高等弁務官、そして皇室の中でも国際的に高い評価の高円宮憲仁親王妃久子殿下です。

心に残った世界を変えた女性たちを紹介します。地球温暖化とポストコロナの時代に、日本の女性リーダーたちにはどのような視点・資質・要件などが期待されるのでしょうか？　世界で活躍した女性たちの足跡をたどって現代の日本の女性リーダー像を考えてみたいと思います。

第 1 章

お会いした世界の女性トップリーダー

将来・未来を見据えて能力を発揮した女性

私がお会いして、そしてご紹介したいと思った女性たちは、民主主義の理想を基本理念に据えて、それを体現できるように努力した方です。すなわち、上司に気に入られて出世するという現在の日本でまだまだ横行している上昇志向の女性像ではなく、また、既得権益を守って社会をゆがめている体制にくみすることなく、少しでも、理想に近づけようと努力を惜しまない女性たちです。ですから、常に俯瞰《ふかん》的な視座で、世界の平和を願い、社会の安全と安定を願い、そして文化的で豊かな生活ができる社会であるために、どうすればそれを実現できるか？　それを、どうやって国際社会に広げられるか？　を見据えて、優先順位を付けて、現在の法律に書き込むとか、現在の政策に反映させるかに強い信念を持って、注力した方々の一人です。

1　将来・未来を見据えて能力を発揮した女性

ベアテ・シロタ・ゴードン氏（米国）

GHQ（連合国軍最高司令官総司令部）

最初にご紹介したいのは、日本国憲法に大きな影響を与えたベアテ・シロタ・ゴードンです。

私がお会いした時は、すでに第一線から退いていらしたので、とても穏やかで静かな落ち着いた風情の方でした。日本国憲法に女性の権利を盛り込むために奔走し、GHQの中で一人ずつ説得しようと動き回った活発な22歳の女性のイメージとは異なっていました。ただ、ウクライナのキーウ出身のユダヤ人という背景をきちんと認識し、ヨーロッパにおける反ユダヤの大きなうねりを感じた両親が日本に定住を決め、単身米国の教育を受けさせてくれたことに、心から感謝していました。ですから、戦後、両親の安否を突き止める努力をし、日本で無事であることを知り、何とか日本に来る手立てを探して、GHQに応募し、ついに日本に来ることができて両親とも再会したのです。その意志の強さと努力は並み外れていたと思われます。そして、6ヶ国語を駆使して、各国の憲法を研究し、分析し、日本国憲法第24条をはじめとした原案を起草したのです。それは、単に与えられた仕事を無難にこなすのではなく、日本の将来のために、ひいては米国への投影も期待して、全身全霊を傾けて期待を超える業績を残した意志の強さと努力に改めて感服しました。

私は、国会議員になって改めて日本国憲法を学んだ折に、第24条の男女平等は、当時GHQでマッカーサー将軍の下、ベアテ・シロタという若い女性が奔走した成果であることを知りました。その時は、彼女が日本に住んだことがあるということと、名字がシロタということから、日系人と思い込んでいました。しかし、1996年に64歳で来日された時に、お会いしてゆっくりお話を聞く機会を得、彼女は日系人ではないということが判明し、逆にびっくりしたものです。では、この白っぽいジャケットを着て、白髪のメガネの底から優しい笑みを浮かべて、波瀾《はらん》万丈の人生を淡々と話すベアテ・シロタという女性は、なぜ、日本国憲法に男女平等を入れるために奔走したのでしょうか？ それは、彼女が歴史に翻弄された波瀾の人生を送ったからなのです。

ベアテ・シロタは1923年、ウィーンで生まれたので、オーストリア出身です。実は、両親共にウクライナのキーウ（当時ロシア）出身のユダヤ人でした。1917年のロシア革命でのユダヤ人排斥によって、オーストリア国籍を取得して移住していたという事情がありました。父親はリストの再来と言われたほどのピアニストで、その演奏を聴いた山田耕筰が1928年に東京音楽学校（現・東京芸術大学）の教授に招聘し、ベアテは5歳半で日本に住むことになったのです。その時に、日本人は目の色も髪の色も黒いので、ベアテは母親に「日本人は皆、親戚同士なの？」と質問したというエピソードがあります。

そのころには、ドイツをはじめヨーロッパでは反ユダヤ主義が台頭し、結局は、半年の日本滞在予定が10年に及びます。その間にベアテは、両親の母国語のロシア語、幼少期に東京ドイツ学園で習得したドイツ語、家庭教師から学んだフランス語と英語、アメリカンスクールで学んだラテン語、そして日本語を習得すると同時に、日本の伝統文化に深く接する機会を得ました。

この言語能力が、彼女が成長した後に職業の選択に大いに役立ちました。15歳で、ユダヤ人への偏見の少ない米国へ留学。カリフォルニアの女子大であるミルズ・カレッジで学びます。女性も職業に就くべきであり、政治に参加すべきであるという学長の信念に基づいたカリキュラムで次第にフェミニストとしての自覚を持つようになったそうです。他方、米国においては、当時日本のことを知っている人は少なく、誤った偏見を持つ米国人も多かった中で、ベアテは次第に日本について伝え、また、日本人の立場を代弁するようになっていく自分に気づいたそうです。

その後、情報庁の仕事に就いたのち、タイム誌に就職。当時、女性の記者は採用されておらず、リサーチャーという立場で情報の収集と記事の点検を行いながら、記者より低い給与に甘んじた経験から、自由と民主主義を標榜《ひょうぼう》する米国においても、女性の職業差別の現実を実感するに至りました。

１９４５年、日本がポツダム宣言を受諾し、終戦となります。その時彼女は、両親が別荘のあった軽井沢で無事であることを突き止めました。そこで、何とか日本に戻って両親に会いたいとの思いでつてを求めて奔走しました。その結果、情報庁やタイム誌に就職した経験があることと、６ヶ国語を話せることを評価され、ＧＨＱの民間人要員（調査専門官）として採用されて、12月に焦土となった日本の厚木飛行場（神奈川県）に降り立ったのでした。彼女は、「故国日本に戻った」と感じたそうです。

１９４６年にＧＨＱによる憲法草案起草の極秘命令を受け、正規のスタッフとして起草メンバーに入ったのは、本人としても意外で、びっくりしたそうです。社会保障と女性の権利を担当することになり、早速、都内の図書館に出かけて、６ヶ国語に堪能な語学力を駆使して各国の憲法に関する資料を借り、その情報を踏まえて草案の作成に多大な貢献をしたので、当時22歳のベアテの名は担当の民政局内で有名になったのでした。

アメリカ合衆国憲法には、両性の本質的平等に関する規定が存在していなかった事実を踏まえ、彼女は「すべての人が平等である」という意識を憲法に盛り込み、いくつかの条項を書いたと語っていました。そして、「私は自国の憲法（Bill of Rights）に入れられていない男女平等の夢を日本の憲法に入れたかった」としみじみと語っていました。「ありがとう」と言う私の手を取りしっかりと力を込めて握ったのです。余談ですが、このチームの中にいた通訳担当のジョセフ・ゴードン中尉は、後に彼女の夫となり、結婚後はベアテ・シロタ・ゴードンという名前になりました。

米国においては１７８７年に憲法が制定され、１９２０年に女性参政権が認められました。長い年月のさまざまな活動の末、１９７２年についに「男女平等憲法修正条項」が議会を通過して、各州の批准に供されました。発効に必要な3分の2の州の批准には38州の批准が必要ですが、35州しか批准されなかったのです。そこで批准有効期限は10年間延長されましたが、発効に至りませんでした。後述のとおり、いまだに発効していません。ですから、１９４６年当時、ベアテ・シロタ・ゴードンが日本国憲法の数項目を提案したのに、担当者や弁護士によってそのほとんどが削除され、彼女は無念の思いだったと語っていました。日本国憲法においては、以下の３つの条項に彼女の努力が実っています。

第3章

第24条〔家族関係における個人の尊厳と両性の平等〕①婚姻は、両性の合意のみに基いて成立し、夫婦が同等の権利を有することを基本として、相互の協力により、維持されなければならない。②配偶者の選択、財産権、相続、住居の選定、離婚並びに婚姻及び家族に関するその他の事項に関しては、法律は、個人の尊厳と両性の本質的平等に立脚して、制定されなければならない。

第25条〔生存権及び国民生活の社会的進歩向上に努める国の義務〕①すべて国民は、健康で文化的な最低限度の生活を営む権利を有する。②国は、すべての生活部面について、社会福祉、社会保障及び公衆衛生の向上及び増進に努めなければならない。

第27条〔勤労の権利と義務、勤労条件の基準及び児童酷使の禁止〕①すべて国民は、勤労の権利を有し、義務を負ふ。②賃金、就業時間、休息その他の勤労条件に関する基準は、法律でこれを定める。③児童は、これを酷使してはならない。

語学が堪能だった彼女は、以下の憲法を参考にしたそうです。

1、ワイマール憲法　第１０９条（法律の前の平等）、第19条（婚姻、家庭、母性の保護）、第22条（児童の保護）

2、アメリカ合衆国憲法　第一修正（信教、言論、出版、集会の自由、請願権）、第19条修正（婦人参政権）

3、フィンランド憲法　養子縁組法

4、ソビエト社会主義共和国連邦憲法　第10章第22条（男女平等、女性と母性の保護）

そして、なぜ彼女が70歳を超えてから何度も日本に来て、この憲法のことを話したのかというと、実は、法律の専門家でもない一人の女性が草稿したということを、日本の国民は受け入れないのではないかという思いがあったのだそうです。それで、自分が草稿したことを口にしなかったのですが、当時の上司が１９９０年代になって、自分がしたことを誇りに思って伝えるべきではないかと彼女を促したので、ようやく決心がついて、日本に戻ってきたのです。

彼女の人生と努力を目の当たりにして、私は改めて、当時22歳のベアテ・シロタ氏のおかげで、今の日本国憲法に「すべての人が平等である」ことと「両性の平等」が盛り込まれたという事実をしっかりと再認識し、そういう社会が実現するように前に進んでいかなければならないという思いを新たにしました。そして、いずれ遠からず、彼女の母国となった米国の憲法にもその精神が反映される時が来ることを期待しています。

政治能力を発揮し、自国経済を好転させた女性

ここで紹介する女性たちは、自国の国家としての尊厳を守り、国家としての繁栄を築くために尽力した方々です。権力を利用して私腹を肥やしたり、恣意的に行政に圧力を掛けたりというありがちな権力志向の男性たちや、それに連なる女性たちとは全く異なった活躍をしました。だからこそ、私は紹介したいと思ったのです。優れた男性指導者もそうですが、同様に女性も国政にかかわるということは、国から地元に予算を取ってくるという日本型の国会議員のイメージとは全く異なり、国益のために、国際益のために何をすべきかをしっかりと認識している方々です。それが民主主義国家における国政に携わる者のあるべき姿、当たり前の姿です。もちろん、人によって重点の置き方は違いますが、基本的には、国民が平和で安心して暮らせる国、国土が安全に守られる国を目指しているわけです。そのためには、国の経済を再建すること、国土の防衛のための政策決定を行うこと、国際社会の一員としての存在感を評価されることに腐心してきた足跡がうかがえます。すなわち、国政に携わる者は国と国際社会のことを、都道府県政にかかわる者は都道府県のことを、そして、市町村にかかわる者は市町村のことを第一に考え、公僕としての責任を果たす覚悟がなければ、良い仕事はできません。ここで紹介

する女性たちが、国会議員であること、首相であること、大統領であることという地位に就くことを目的としているのではなく、その立場にあって、俯瞰的視座で自分の国が直面している課題をいかに処理することが国益、そして、国際益につながるかに腐心して努力した足跡を残しているのです。もっとも、女性だから良いのではありません。男性と同様に、成功するには品格と教養に加え、努力と決断力が必要です。

世界で最初の女性の宰相は、１９６０年のセイロンのバンダラナイケ首相です。長く欧州の植民地であった東南アジア各国においては、「平等」というのは階級の平等であり、性差の平等はその次の問題です。したがって、世界最初の女性宰相が、アジアの独立国セイロン（現・スリランカ）で誕生したのも理解にかたくありません。そして、１９６６年にはインドでインディラ・ガンジーが首相になりました。彼女は、ネルー元首相の娘であり、出自が大きな役割を果たしています。３番目は、１９６９年のイスラエルのゴルダ・メイア首相です。世界初の女性大統領になったのは、１９７４年、南米アルゼンチンのイザベル・ペロンでした。同年に欧州のクロアチア社会主義共和国でサウカ・ダブチェウィッチ・クチャルが行政評議会議長に、１９７９年には英国にマーガレット・サッチャー首相が誕生しました。１９８６年にはフィリピンでコラソン・アキノ大統領が選出され、１９９３年にはカナダのキム・キャンベルが北米で初めての宰相になりました。

したがって、21世紀を迎えたころには、国際社会では、欧州、中東、北米、南米、東南アジアで女性の宰相が誕生していますが、まだ女性の宰相が誕生していないのはアフリカと北東アジアだけであり、まるで女性蔑視のブラック地域として揶揄されていたのでした。現在では、アフリカにも北東アジアにも、そして太平洋諸国にも女性の宰相が誕生しています。ここでは、縁のあった女性たちを紹介していきたいと思います。

欧州、特に北欧は男女平等の先駆的国家です。クオータ制を最初に採用したのも北欧のノルウェーですし、長子が王位を継ぐことに変えたのも北欧のデンマークであり、次いでスウェーデンです。

女性国会議員数が一時日本より低い数字を示したフランスも急遽《きゅうきょ》、政治における男女同数制という意味でパリテ法（男女平等の政治参加を規定した法律）を可決しました。これは、男女同数の立候補者の擁立を目指して、各政党が実践することになっていますが、実は、マクロン大統領が登場してこの法案の実現を決意するまでは、何年もの間、罰金を支払っても、男女同数にしない政党がほとんどでした。フランスにもいずれ女性の宰相が生まれることでしょう。

日本は、米国に足掛け8年占領されていました。その時の日本は、東京はじめ、住む場所も、着るものも、食べるものもなく、闇市で着物などを売って食料に替えていた時代でしたから、緑の庭付きの家に住んで、ミルクや蜂蜜、ビフテキを食べて、立派な車を乗り回している米国人の生活は、写真で見てもフィルムで見ても、日本人の憧れ、夢の生活、及び目標でした。そして、米国は「民主主義の進んだ国」と思っていました。

しかし、政治的に見れば、ベアテ・シロタ・ゴードン氏が語っているように、男女の平等を

Bill of Rights（権利の章典。米憲法中の人権保障規定）に盛り込むことが必要な3分の2の州の賛成が得られず、失敗に終わっていたのです。そのような背景ですから、1960年代から1970年代にかけて、いわゆる、ウーマンリブの運動が盛り上がり、女性の権利を声高に訴えなければならなかったのです。その結果、1972年に男女平等憲法修正条項が議会を通過しましたが、やはり発効に必要な38州の批准が得られず35州のまま10年の有効期限が終了したのです。2020年にバージニア州が批准し、ようやく38州となりました。しかし、司法省は、期限が1982年であったとして認めていません。下院では2020年に有効期限が撤廃されました。

そして、黒人に対する差別も同様にあったので、1990年代でさえ、「黒人と女性とどちらが先に米国大統領になるか？」と言われていました。ですからオバマ大統領の出現は、米国人にとっては大きなインパクトがありました。次は女性の大統領を！　という熱い思いが、ヒラリー・クリントン氏を大統領候補に押し上げて、あと一歩というところだったのです。

アジアにおいては、英領だった地域を中心に、人種や性別よりも階級・身分の差が人生の大きな決め手となってきました。例えば、インドではカースト制度は廃止されたものの、低い身分の女性が議員に当選したところ、射殺されてしまったという悲劇がありました。ですから、バンダラナイケ・セイロン首相、ガンジー・インド首相、米国での国際会議で同席したブット・パキスタン首相はすべて、階級の上位の子女です。国内外で教育を受けて宰相にもなりましたが、いまだにマララ・ユスフザイ氏のように、普通の女子が教育を受けることには根強い反発があるのです。日本でも、義務教育は男女ともに戦前から平等にありましたが、女性は学問などしなくてもいいという意識が根強くあったことは、ご承知のとおりです。

アフリカは、第一次大戦及び第二次世界大戦の戦勝国や旧宗主国が国境線を人為的に引いたことに端を発して、国境が直線となっている国が多くみられ、長らく国内の紛争が続いていました。例えばルワンダでは、歴史的に敵同士のツチ族とフツ族が一つの国に組み入れられたり、同じ部族が別の国に分かれたり、強力な勢力になりそうだったクルド族は5つの国に分けられ、それぞれの国において少数民族として独立できない苦闘が続いているのです。ですから、ルワンダのように内戦で働き盛りの男性がほとんど戦死してしまい、女性が国のリーダーになり、また、女性の閣僚が大勢輩出することになった国もあります。これが、本当の意味の男女平等なのかどうかは、今後も注視しなければなりません。

中南米は、女性の政治家が比較的多く出ています。「米国の裏庭」と揶揄されていますが、実は優れた女性たちが大統領や閣僚として活躍しているのです。まだまだ貧困に苦しんでいる国も多く、麻薬ギャングの横行も終わっていませんし、米国との国境は難民があふれています。米国との関係のあり方やどのように経済を発展させて、国内の治安を治めて安心して暮らせる国づくりができるのか、注目されます。

2　統治能力を発揮し、自国経済を好転させた女性①

マーガレット・サッチャー首相（英国）

一般的には「アイアンレディ」という言葉で表現されるように、凛として強い女性というイメージが日本では定着していますが、実際に接してみると、感性が豊かで繊細で気遣いのある優しさも持っていました。それと理解力が優れていて、一言いえばすぐ理解されました。もっとも、英国での面会の際の秘密の言葉を私に教えるまでは、彼女の一言を私がきちんと理解し行動するかどうかをチェックしていたのかもしれませんが。アイアンレディというニックネームは、１９７９年にソ連の軍事ジャーナリストがつけたとされていますが、サッチャー首相自身が気に入って使ったといわれています。

たぐいまれな努力家です。英国の政界・財界・官僚たちは、「せいぜい持っても2～3年だろう」とうわさしていましたが、実際には11年に及んだ治世でした。自分が期待されておらず、「つなぎの首相」と思われていることを知っていました。英国では、国王は「君臨すれど統治せず」との立場ですが、実際にはこの70年間毎週、英国首相はエリザベス女王と２人だけで意見交換をすることになっていました。サッチャー首相は高学歴のインテリ英語でしたが、高位英語を身に付ける努力をし、女王と対峙《たいじ》しても見劣りしない服装やドレスコードも学んで、年を経るごとに素敵になっていったのです。もっとも、同年代の女王とはなかなかしっくりとはいかなかったとのうわさが絶えませんでした。それは女の争いとも報じられていましたが、私から見れば、それは女王は失業者を出さず国民すべてが困らないようにという立場ですし、当時の英国病から救おうとすれば、首相としては経済改革や外国資本の導入などの抜本的政策が求められていたので、同じ方向を向くのは難しかっただろうと理解できます。この2人がいて、二分されつつあった英国世論が一つにまとまったので、良いバランスだったのではないでしょうか？　夫のデニス氏は精神的支えだったと思います。ちょうど、エリザベス女王にとってのフィリップ殿下のように。


私は、マーガレット・サッチャー首相に3回お会いしました。

最初は、私が衆議院議員になって初めて訪英した1996年のことで、客員研究員として招かれていた世界有数のシンクタンクであるチャタムハウス（英国王立国際問題研究所）のサー・ジェームス・エベリー代表にも挨拶の機会を持ちました。すると、「国会議員になったのなら、女王の園遊会に連れて行って、サッチャー首相に紹介しよう。もし、大臣になったら、エリザベス女王に紹介する機会をつくろう。女王は、とてもチャーミングな人だから……」と言うのです。

チャタムハウスは、エリザベス女王を名誉会長として、首相や大臣の経験者がチェアマンを務めるシンクタンクで、チャタムハウス・ルールが国際社会では順守されています。チャタムハウス・ルールとは「会議において、参加者は会議中に得た情報を自由に使用できるが、その発言者や所属を特定したり、他の参加者を特定したりする情報は伏せなければならない」というものです。すなわち、会議では自由闊達《かったつ》な意見を開陳してほしいが、その発言の責任を問われると、自由な意見は述べられないので、発言者や所属を特定する情報を伏せることを求めるのです。実は、シャーリー・ウィリアムズもチェアマンを務めたことがあり、そのことは、後々判明しました。

さて、エリザベス女王の園遊会は駐英日本大使も招かれたことがないそうで、1期目の日本の国会議員が招かれたので、在英日本大使館は大騒ぎだったようです。バッキンガム宮殿の車寄せまででいいのでご一緒させていただきたいという申し出を大使館の担当者から受けました。一緒に中に入ることはできないということをきちんと説明しましたが、玄関まででもいいのですと言って、彼らは車に同乗してきました。私は、自分の国の園遊会にも出席したことがないのに、英国のエリザベス女王の園遊会に出席することになろうとは考えてもみませんでした。

緑あふれる広い庭園で、帽子にドレスを身にまとった女性たちが花のように見えました。そこで約束どおり、マーガレット・サッチャー首相に紹介していただくことになりました。サッチャー首相は、アイアンレディと呼ばれていましたので、多分、しっかりした強い女性だろうと勝手にイメージしていました。ところが、紹介されたサッチャー首相は、浅黄色の透明感のあるワンピースにおそろいの帽子をかぶって、そよ風にスカートが揺れていました。本当にフエミニンな装いでした。

隣には、生涯の伴侶であるデニス・サッチャー氏がにこやかに立っています。そして紹介を受けると、「私は日本が大好きです。知人はいますが、日本の女性の国会議員の友人ができて、とてもうれしいわ！」とささやくような、蚊の鳴くような、静かな話しぶりでした。アイアンレディとは全く異なった、優しく優雅なサッチャー首相の一面を見ましたが、それが最初の出会いですので、その後も私の脳裏には、2人のサッチャー首相が同居することになりました。かたわらのデニス・サッチャー氏も終始にこやかに控えめに振る舞っていました。

もっとも、アイアンレディというニックネームは、ソ連の軍事ジャーナリストが付けたと言われたり、ソ連のメディア『赤い星』が鉄壁の反共産主義者という意味で付けたなど諸説紛々でありますが、後に、強い意志と決断力、実行力を持つというプラスにも解釈され、本人が気に入って使うようになったといわれています。

2回目は、日本で経済人向けに講演した時でした。張りのある声で、自分の考えをしっかり述べて、質問に対しても、メリハリのある声で、明確な内容で回答しました。まさに、アイアンレディでした。当時、講演で話した言葉を一字一句訂正せずに記事になるのは、世界で英国のマーガレット・サッチャー氏と、ロシアのゴルバチョフ書記長の側近で人道主義者のアレクサンドル・ヤコブレフ政治局員の2人だけだといわれていました。ヤコブレフ氏の講演も聴いたことがあります。英語でしっかりと筋の通った話をしていましたが、私には、サッチャー氏のほうが、説得力があるように感じました。

3回目は、駐日英国大使宅での夕食会でした。経済界、文化・芸術界、そして政界から合わせて30名ほどが招かれました。ディナーの席で、サッチャー氏がいつものように、にこやかに、しかしはっきりとメッセージを述べました。日本でしたら、主催者が必ず事前に挨拶のお願いをするのが当たり前ですが、英国や米国ではそのようなお膳立てはしません。ですから、デービッド・ライト駐日大使から、突然サッチャー氏への答礼を私に指名された時には、内心ドキドキしたものです。サッチャー氏は政治家でありますし、私も国会議員ですので、政府のありかたについて手短に例を挙げて、「日本では、国会議員と官僚は鳥の両翼のようなものです。立法府と行政府は片方が強ければ、旋回して前には進みません。ですから、国会議員を強くして、日本は前に向かって羽ばたきたいと思います。そのために努力したいと考えています」というようなことを述べました。彼女は、ウンウンというように何度かうなずいていました。

それから、コーヒータイムになり、隣の部屋に移動しました。すると、サッチャー氏がスッと近づいてきて、私の耳元で「あなた、私と写真撮りたくない?」と言うのです! 今のようなスマホでカシャカシャ撮る時代ではなく、また、そういう場でカメラを向けて一緒に写真を撮るのはマナー違反だと思っていたので、私はカメラを持参していませんでした。撮りたくないはずがありません。急いでカメラを持っていた人に頼んで、写真を撮ってもらうことにしました。サッチャー氏は、そっと隣の小さな部屋に私を連れて行き、そこで写真を撮りました。

それは、他の人たちへの配慮でした。そして、「英国にいらしたら、私の秘書に○○○と言ってください。それは、私が面会を許可する際の秘密の言葉です。それを言わないと、断られますので……」とにっこり。なんて配慮の行き届いた、素敵な人なんだろうと、すっかりサッチャー・ファンになってしまいました。

マーガレット・サッチャーは、1925年にイングランドの小さな町で生まれました。敬虔《けいけん》なメソジストであり、「質素倹約」と「自己責任・自助努力」を旨として育ち、オックスフォード大学のサマービルカレッジで化学を専攻しました。同時にハイエクの経済学にも関心を寄せ、これが彼女の後の政治思想である新自由主義的な経済改革へつながり、いわゆる、サッチャリズムの源流になったと考えられます。

父親が市長を務めていたこともあり、政治に興味を持ち、24歳の時に庶民議員に立候補したものの、落選しました。その後、デニス・サッチャー氏と結婚し、2児をもうけます。さらに、法律の勉強を始めて1953年には弁護士資格を取得します。このころは、女性の権利拡大についても強く訴えていました。デニス氏の強力な後押しを受けて、再度庶民議員に立候補し、当選します。デニス氏は、彼女が首相を辞めるまで、ずっとそばで支えていました。ですから、私は、マーガレット・サッチャーの宰相としての成功は、デニス氏との二人三脚の共同作業だったと思っています。その後、教育科学大臣を務めますが、この時、学校給食の無料の牛乳配布を中止したため、「牛乳泥棒」と呼ばれ、庶民から非難を受けました。

ですから、彼女が保守党の党首になり、やがて首相になるとはほとんどの人が思っていませんでした。ところが、１９７４年に保守党が大敗し、党内が割れて新党首を選ぶのが難航していた時に、彼女は党首に立候補したのです。当時は石油価格の高騰もあり、英国は、「大英帝国の落日」、「ヨーロッパの病人」、さらには「英国病」と表現されていました。保守党は負けるだろうという大方の見方を覆して、総選挙で大勝し、１９７９年に保守党が返り咲き、サッチャー首相が誕生します。

このころ、政策通の共通認識は、サッチャー首相は2~3年で退陣に追い込まれるだろうとの予想でした。ところが、なんと最長の11年にも及んだのです。ケネディの就任演説は歴史に残る名文ですが、サッチャー首相の就任演説も同様の評価にふさわしいと思います。アッシジの聖フランシスコの平和の祈りを取り上げての演説でした。

「分裂のある所に、和合を置かせてください。
誤りのある所に、真実を置かせてください。
疑いのある所に、信頼を置かせてください。
絶望のある所に、希望を置かせてください」

実は、ケンブリッジ大学チャーチルカレッジのアーカイブセンターに、チャーチルの関係書類のほとんどが所蔵されているのです。マーガレット・サッチャー氏は２０１３年に永眠しました。そしてちょうど、私が英国ケンブリッジ大学チャーチルカレッジの客員教授として招聘されていた時に、チャーチルに続く2人目として関係書類が所蔵されたのが、マーガレット・サッチャー氏でした。本人に関する書類、メモ等々の整理が終わり、約2万点が、アーカイブセンターに収蔵されたのです。ここでは、チャーチルカレッジの教授、助教授のほかに、私のように正式な客員教授も、研究に資するためにそれらの資料を閲覧し、コピーを取ることも可能でした。

そこには、有能な司書がいて、例えば、彼女のフォークランド紛争の最終決断の関連資料が見たいと前もって予約を入れると、きちんと出してもらえます。もちろん、持ち出し禁止ですが、この部分のコピーを欲しいと言えば、有料ではありますが、それを作成しておいてくれます。私は、全部で200枚ほどのコピーを今でも保管しています。マーガレット・サッチャーはまじめで、大事な書類には自分で目を通し、感想や指示を書き込んでいました。そして、綿密に情報を収集し、分析し、戦略を構築する能力に非常に優れていることに感動しました。まさに、幼少時の「自己責任・自己努力」を自分に課して、責任を果たそうと努力したのです。

例えば、第四次中東戦争やイラン革命で石油の値段が高騰し、英国経済はひどい状態に陥っていた1979年の総選挙で、彼女は、それまで必需品8%、一般品12・5%であった付加価値税を、すべて一括して15%に引き上げるという前代未聞の選挙公約を掲げました。一般的には、有権者の反感を買い、総選挙で保守党は負けるとの予測でした。しかし、実際は圧勝しました。これは、サッチャー党首の戦略勝ちと思われます。その当時の書類を調べてみると、彼女は、選挙公約に関するすべての重要会議に自ら出席し、一言一句を点検し、その発表の方法や、誰が説明するかまで、細かい指示を出したのです。

印象深く読んだのは、選挙公約、すなわちマニフェストは、

＊誰にでもわかる言葉遣いをすること
＊全体で５０００字を超えないこと
＊立候補者が勝手に有権者に説明しないこと
＊一括して、党幹部が記者会見を開いて説明すること
＊その時は、どのような質問にも辛抱強く、丁寧に説明すること

などが示されていたのです。それが奏功して、国民はこの増税は必要であると感じ、また、真摯に経済回復に取り組んでくれるだろうという信頼を勝ち得て、予想外の大勝利に導いたのでした。彼女は、有権者を信頼することが最も大事であると述べています。

アルゼンチン軍が英領であるフォークランド諸島に上陸した、いわゆるフォークランド紛争の時には、武力行使を行うかどうか、本当に悩んだ様子が見て取れます。この時も、信頼できる軍の関係者から英国軍とアルゼンチン軍の力の現状、政治的な取引の可能性等々の報告を受け、それを彼女は自分で目を通し、余白に疑問点や指示などをメモしています。また、緊迫した側近とのやり取りも残されています。そうして、国土を守るという宰相の責任を果たすために、最終的には身を切られるような思いで、武力鎮圧にゴーサインを出したのです。

その時の苦渋の決断を、彼女は次のような言葉で国民に訴えました。「人命に代えてでも我

がイギリス領土を守らなければならない。なぜならば、国際法が力の行使に打ち勝たねばならないからである」。イギリス経済の低迷から支持率の低下に悩まされていたサッチャー首相は、アルゼンチンとの2ヶ月にわたる戦争に勝利した後に「われわれは決して後戻りしない」と力強く宣言しました。この時、支持率は73％に上がり、サッチャー首相は総選挙に再び勝利して、2期目の経済改革断行へと進んでいきます。

ほかにも、1984年の炭鉱ストライキで非効率な炭鉱を閉鎖するという強硬手段を取りましたが、1年の対峙の後、結局サッチャー首相の新保守主義政策が通ったのです。この時、英国の手厚い福祉政策であった「ゆりかごから墓場まで」は終焉《しゅうえん》を迎えました。そして電話、ガス、水道、空港、航空、自動車などの国有企業を民営化し、海外からの投資を呼び込み、また、規制緩和を進め、金融システムを改革して、大きな政府から小さな政府へ移行しました。この真の目的は、労働党の推し進める国への依存度の高い社会福祉政策ではなく、新自由主義経済によって自己責任を認識させる国民の意識改革であったといわれています。

大きな成果を上げた一方で、香港の返還問題は鄧小平《とうしょうへい》に粘られて不本意な形で合意してしまったり、リスクマネージメントでもたついたり、また、北アイルランドのＩＲＡ（アイルランド共和軍）の独立紛争などでは、批判を受けた案件もありました。

総じてサッチャー首相は強気な政治手法や政治力が高く評価されていますが、同時に、女性としても、大変な努力家でありました。実は、選挙に出馬し、当選が確実になった時に、９キロの減量をしたそうです。それは、これからはメディアの対象とされるので、常に美しいプロポーションを保たなければならないと考えたからだと、後のメモ書きにありました。

また、チャーチルカレッジに寄贈された2万点の書類とともに、実は、普段使っていたトカゲの革の黒いハンドバッグが箱に入って到着したのです。その時、アーカイブセンター長が「サッチャーさんのハンドバッグが届きましたが、もし興味があるなら、開梱《かいこん》の時に立ち会うことができますよ」と連絡をくれたのです。もちろん、喜んで立ち会い、白い手袋をはめて拝見しました。中には、薄緑色のコンパクトと口紅しかありませんでした。驚いたことに、ハンドバッグはトカゲの革に見えたのですが、触れてみると、なんと牛革の型押しだったではありませんか。

その時に、彼女が幼い時の父からの教えであった「質素倹約」を最後まで守る姿勢を保っていたことに感激しました。私も、国会にいたころに、多くの議員が、男性も女性もブランド物を使っていたのですが、一緒にオーストラリアに行ったある男性議員が、帰りの飛行機で、「あなたはブランド品には興味がないと言っていたけれど、本当だったのですね」と声を掛けてきたことを思い出しました。その議員は、1週間の間、私が着ている服や、バッグ、靴などがブランド品かどうか確認していたのでしょう。

ですから、サッチャー氏の型押しのハンドバッグを手に取ってみて、「わが意を得たり！」と思いました。

サッチャー死去からしばらくして、デービッド・ハウエル卿が、「サッチャー元首相の部屋だった貴族院の一番有名な個室に移ったので、見においでになりませんか？」と誘ってくださいました。貴族院議員は無報酬ですし、貴族院の中の自室も、5人部屋だったり、3人部屋だったりの相部屋がほとんどです。皆、自分でPCを操作して、投票時間を知らせる院からの連絡などもチェックします。個人的に秘書を雇っている人もまれにいますが、人件費が掛かるので、全員が雇っているわけではありません。

そのお誘いを受けて、サッチャー元首相の部屋に行ってみました。すると、貴族院の相部屋のある1階や2階の横を通って、人一人が通れるほどの狭い階段を上へ上へと上がって行きます。もちろんエレベーターはありません。そして、3階に着くと、大きなドアがあり、そこが貴族院議員の部屋としては最も有名な部屋でした。壁にも貴族院の紋章があり、赤っぽいじゅうたんが敷き詰められて、窓が1か所ありました。部屋は12畳間ほどで、議員用の机もいかにも伝統のある使い古した重そうな堂々としたものでした。ここがサッチャーさんの貴族院議員としての最後の部屋だったのかと思うと、感慨深いものがあります。

彼女は、オックスフォード大学を卒業した高学歴のインテリ英語を話すのですが、王室の人たちと話すとなると、高位英語はインテリ英語とは違います。そこで、総理を目指してから、ある伯爵夫人に家庭教師を依頼して、女王と話す時にも引けを取らない高位英語の発音や語彙の使い方を、数年かけてしっかり学んだと聞いています。同時に、衣服についても、伯爵夫人から、王室や国際社会の高位の人々と接しても遜色のないようにしっかりと学んだので、首相になって数年後には、ベストドレッサーと呼ばれるようになったのです。
マーガレット・サッチャーは努力の人です！

マーガレット・サッチャー首相と著者

3　統治能力を発揮し、自国経済を好転させた女性②

アンゲラ・ドロテア・メルケル首相（ドイツ）

当時、環境大臣だったアンゲラ・メルケル氏は、まさに学者でした。一つ一つの情報をきちんと整理して、それをまとめて順序立てて説明するのです。ですから、私にはとてもわかりやすく、そして、私の発言することもきちんと受け止めて理解されました。ドイツは日本と同じ敗戦国ですが、質実剛健の風土を守りつつここまで発展してきた国です。例えば、戦後の物のない時にでも、子供には綿や麻の自然素材の服を着せることや、自国の産物であるジャガイモ料理を30種類も考案して、地道に国の基盤を築いてきました。他方、日本は、米国の占領下でしたから、米国が憧れの国であり、化学繊維や合成着色料を使用した食べ物を何の抵抗もなく受け入れていました。国柄の違いのみならず、西ドイツと東ドイツの違いを肌で感じて、民主主義も社会主義も理解したうえで、バランスを取っていく政治手法を発揮し、16年間ドイツの母といわれるまでになりました。国家の将来を見据えてコツコツと土台づくりをしたのです。私利私欲のない、バランス感覚に優れ、しかし強い信念を持って首相という責務を果たしました。孤独な首相にとっては常にそばにいたザウアー氏の支えは心強かったことでしょう。

1998年、デンマークのオーフスで第4回環境大臣会議が開かれました。「環境に関する、情報へのアクセス、意思決定における市民参加、司法へのアクセスに関する条約」いわゆる「オーフス条約」が発議された会議です。その環境大臣会議には36ヶ国の大臣が参加予定でした。しかも、この会議には初めて環境関連の各国のNGO（非政府組織）のトップも参加するという画期的な会議です。

しかし日本は、大臣、副大臣、政務官はおろか、大使館員さえ出す予定がないと断ったのです。それで、英国のミーチャー環境大臣と主催者のデンマークのスベン・アウケン環境大臣から連絡があって、「出席してほしい。なぜなら、1997年の京都会議に皆を呼んでおいて、こちらが開催する時に誰も来ないということになれば、日本は信用を失う。日本にはそうなってほしくないので」と言うのです。すぐ、当時の大木浩環境大臣にその旨を伝えて、誰か派遣するようにとお願いしました。

大木大臣は外務省の出身ですから、「そういう状況なら副大臣か政務官を派遣するように手配しますから、心配しないでください」とのお返事でした。ところが直後に、国会議員会館に環境審議官が山のような書類を持ってやってきて、「環境省としては、予定も予算もないので、誰も派遣できません。もし、先生がおいでになるならば、これは、日本の環境行政の資料ですので……」。省庁の傲慢な態度はひどい！

結局、またまた自費で出席しました。ですから当然、飛行機はエコノミーです。ミーチャー大臣は気の毒に思ったのか、途中ロンドンでの講演を設定してくれました。オーフスの環境大臣会議はNGOとのコラボでした。発言の機会を頂いたので、私は「国を代表して来たのではないですけれど」と、京都のお礼と日本の取り組みを紹介したのです。

するると、英国のミーチャー環境大臣と共同主催のデンマークのスベン・アウケン環境大臣の2人が、「ありがとう、あなたのおかげで日本は面目を保てたし、われわれは、異なった視点からの意見を聞けて勉強になりました。実は、これからの欧州を背負っていくと思われる2人の素晴らしい女性大臣を是非、紹介したい。われわれは彼女たちを育てたいと思っているので、まだ経験が浅いけれどセッションの議長に任用しました」ということで、紹介されたのが、ドイツのアンゲラ・メルケル環境大臣とスウェーデンのアンナ・リンド環境大臣でした。メルケル大臣は、金髪のボブヘアで、薄いピンクのジャケットを着て、物静かで、しかし、話し始めると理路整然と論理的であり、説得力がありました。まさにヨーロッパ、しかも敗戦国の土壌をしっかりと体現していると感じました。ですから、英国やデンマークの大臣たちも、彼女を引き立てようと考えたのが理解できました。

他方、アンナ・リンド大臣は社交的で、ニコニコと笑顔で話す方でした。彼女については、次の項で述べます。

さて、翌日、メルケル大臣が議長を務めました。大臣会議では初めての議長経験だったそうで、約60名の大きな円卓でしたが、当初はちょっとピリピリした雰囲気でした。しかし、議事が進むにつれて安定して、きちんと要点をまとめながら進行したので、出席者の評価は大変高く、「ドイツにメルケルという将来有望な大臣がいる」と評判になりました。

その後、メルケル大臣、アンナ・リンド大臣と3人で話す機会があり、アンナが話をリードして、メルケルがニコニコとうなずきながら相づちを打つという感じで、「いつか一緒に国際社会の平和のために仕事がしたいわね！」と意気投合したのを思い出します。その時のメルケルは保守主義者とは思えない口ぶりでした。ですから、その後の政治姿勢を見ても、センターライトあるいはセンターと思われる決断をしています。彼女のバランス感覚は見事だったと思います。

アンゲラ・メルケルは、1954年に、ポーランド系で牧師の父と教師の母の間にハンブルクで生まれました。しかし、父の東ドイツへの赴任に伴い、生後半年で、東ベルリンへ引っ越しました。そして、そのまま教育も東ドイツで受けて、ライプツィヒ大学で物理学を学びます。そのころ、長期間にわたり、ポーランドに自転車旅行をしたといいます。自分のルーツを探す旅だったようです。在学中に同学部の学生だったウルリッヒ・メルケルと結婚しましたが、4年で離婚。

そして、優秀な成績で大学を卒業して、東ベルリンの科学アカデミーに就職しました。そこで、現在の夫であるヨアヒム・ザウアーと出会いますが、正式に結婚するのは1998年のことでした。彼女が離婚した夫のメルケル姓を今でも使っているのは、その名前で多くの論文を書き、キャリアを積んできたので、旧姓のカスナーに戻すことなく、またザウアー姓に変えることなく、メルケル姓で人生を紡ぐことに決めたからでした。

しかし、ザウアーは、この時から現在に至るまで、メルケルの政治活動を陰で支え続けています。ですから、メルケルもサッチャー同様、夫・パートナーとの共同作業で、宰相の務めを果たしたのです。

１９８９年に東西ドイツを分断していたベルリンの壁が崩壊しました。この時、メルケルはニュースで西ドイツへの門が開放されると知り、研究仲間たちと人混みの中、西ドイツ側へ行ったのです。彼女は西ドイツのビールをその時初めて飲んだことが忘れられない思い出だと語っています。そして、携帯電話が普及していた西ドイツにはすでに公衆電話はほとんどなく、しかも見ず知らずの家族の家で、ハンブルクにいる伯母に電話を掛けました。そして、西ドイツと東ドイツの生活レベルの差をつぶさに感じ、この出来事がアンゲラ・メルケルが政治の道へ進むきっかけとなりました。

１９９０年、正式な統一前の東ドイツで政党を組織し、議員に当選。その後、ドイツ統一に伴い、ドイツＣＤＵ（ドイツキリスト教民主同盟）の党大会に出席し、当時の首相ヘルムート・コールに出会います。そして、ＣＤＵに入党し、１９９１年、１期目にして、女性・青少年大臣に抜てきされました。さらに、１９９４年には環境・自然保護・原発担当大臣に就任します。

私は、東西ドイツ統一後のヘルムート・コール首相にお会いしたことがあります。それは、朝鮮半島が停戦状態であることが、北東アジアの政治的・安全保障的不安定材料の一つであり、拉致問題の解決を遅らせる要素でもあるとの認識だったので、統一に必要な要素は何かを知りたかったからです。コール首相はまず、莫大な経費が掛かることを挙げました。それは、韓国がどんなに頑張っても十分な資金を調達できないほどであり、また、米国にとって韓国、中国及びロシアにとっては北朝鮮が、共に使い勝手の良い出先であり、多額の費用を負担することはないだろうから、日本がその不足分を負担する覚悟があるなら、南北朝鮮の統一も可能であるとの見解でした。そんなコール首相から見れば、東ドイツ育ちで、プロテスタント、女性で優秀なアンゲラ・メルケルは東西ドイツの統一のシンボルとして、願ってもない存在だったようです。「コールの娘」と揶揄されるほど、特別扱いで重用したと思われます。

ただ、1998年にコール政権が大敗し、さらには、闇献金問題が浮上すると、メルケルはいち早く、ドイツ紙にコール批判の記事を寄稿しました。そして、この問題によるCDU党首辞任に発展した時に、クリーンなメルケルが党首に就任しました。

その後、首相になってからは、2010年のギリシャ危機に際して、ドイツの財政負担とギリシャへの改革を迫ることで、国内外からの批判を受けました。また、2011年の東日本大震災の影響で、原子力発電への非難が強まり、原発推進派であったにもかかわらず、メルケル首相は2022年までにドイツの17基の原発を閉鎖するとしたことで、代替エネルギーの確保を余儀なくされました。また、2015年には100万人の難民を受け入れたことで、政権の支持率は著しく低下します。

こう見てくると、決して順調な政権運営とはいかなかったことは事実です。ただ私は、COVID—19（新型コロナウイルス感染症）へのメルケルの対応は、予防外交的措置を見事に行ったと評価したいと思います。少し、詳しく見てみましょう。

私は、対コロナ政策は、予防外交の援用によって対処すべきと考えています。すなわち、①感染症発症前に備える、②感染拡大を防ぐ、③感染を収束させる、④第2波、第3波に備える、という安全保障の考え方で、日本のことわざに「備えあれば憂いなし」というのがありますが、まさに的を射ている言葉でありましょう。ドイツは④は難しい状況でしたが、①、②、③は、非常にスムーズに運び、「ドイツはコロナ対策の優等生」といわれていました。

①感染者発症前に備える　2020年1月の段階では、国が保障しての医療物資と医療機器を国際的に調達、検査の充実と、陽性者の軽度、中度、重度受け入れ病院・施設と一般疾病患者対応病棟との区分けなど、危機対応の医療体制の構築等の備えをひと月で実施しました。

②感染拡大を防ぐ　2月・3月の段階では、まず一日50万件のPCR検査体制を確立し、ロックダウンの要請と3ヶ月分の損失補償をセットで実施。しかも、申請から最短3日で振り込まれる方式を編み出し、さらには、病院体制も整えたので、イタリア、フランスなどから重症者を受け入れました。

③感染を収束させる　5月の段階では、感染者の減少及び実効再生産指数に基づき、マスク着装、フィジカルディスタンスの順守を条件に、順次経済活動を再開すると同時に、ワクチンの開発・製造に成功しました。

特筆すべき点としては、ホームドクター等の医療体制の平時からの備えがあること、ロベルト・コッホ研究所のような政府から独立した医学研究機関が機能している、「法の前では皆平等」の精神で高度治療が受けられる医療システムが充実している、政府が客観的な現状を把握したうえで、経済支援や経済活動再開などと両立できる医療体制の構築のイニシアティブを取っている、経済活動の制限と経済活動の補償がセットとして施行されている、国が一体となってコロナに対応しており、首相自らが、国民を信頼して論拠と政策・施策の透明性を図り、説明責任を果たしているので、国民の信頼度は非常に高い、などが挙げられます。これは、戦後の復興からのドイツの堅実な価値観による質素な生活ぶり、透明性のある国家運営と積極的な経済活動のたまものと評価できます。

④第2波、第3波に備える段階では、ドイツの置かれた立場上、かなり厳しい条件でした。例えば、9ヶ国と国境を接し、EUのシェンゲン条約による往来の自由で水際対策が不可能ですし、国内的にはいまだに経済格差のある旧東ドイツの各州からのロックダウンへの不満・反対が表明されました。また、米英のようにワクチンを独占せず、他のEU諸国と足並みをそろえた接種方法を取ったので、ワクチン接種が遅れているという不満もあったので、結構苦労したのです。

さて、メルケル首相の16年間の最大の功績は何でしょうか？　それは、バランスの取れた巧みな経済回復です。すなわち、中国の人権・人道問題、クリミア半島のロシアの占拠などを明確に非難しながら、他方で、中国の輸入車マーケットにおけるフォルクスワーゲンのシェア50%を確保するために、検査のごまかしが発覚した時には日帰りで北京へ飛び、習近平国家主席と直に会談し、翌日にはこのニュースは中国のメディアから消えました。

さらに、彼女はエネルギー対策としては、原発率70%の隣国フランスから電力を購入し、他方、東ドイツ時代に培ったロシア語で、プーチン大統領と直に対談及び商談をして、ロシアから天然ガスのパイプラインを引きました。それも、ノルド・ストリームと名付けられたパイプラインは２００５年に着工し、２０１１年には稼働しています。さらに、２０２２年の原発閉鎖計画に関しては、ノルド・ストリーム２を２０１５年に着工し、２０２１年８月に完成しました。まさに、メルケル首相の退陣予定の２０２１年９月の直前に完成したことになります。彼女は、このパイプラインはドイツのみが恩恵を受けるのではなく、ドイツを窓口にＥＵ内において、電力不足の国へ供給できる契約をロシアと結んでいるといいます。これは、メルケル首相にしかできなかった功績ですが、ドイツがロシアからの天然ガスの受け取りを拒否してロシアに経済的打撃を与えるのか、それともロシアがドイツへの供給を拒否してＥＵのエネルギー供給に打撃を与えるのか、国際事情によってはもろ刃の剣《つるぎ》です。

日本ではいまだに、国会の本会議場では、１期目の議員は最前列という年功序列の座席配列であり、世界でもまれにみる古い体質です。メルケル首相のように、私利私欲なく働き、そのスピーチを聞くたびに、総合的視座に基づき、透明性と説明責任を果たし、選択と集中の政策を一貫して進めてきたステーツマンシップの政治家を、1期目から育てたコール首相の姿勢に、船長は次の船長を育てるのも仕事のうち、という言葉を思い出しました。メルケルは女性の国防大臣を後任にと考えていた節がありますが、その女性大臣は最後の段階で抜けましたので、後継者を育てるという意味ではメルケル首相も成功したとは言いがたい状況です。

メルケル首相はサッチャー首相に学ぶところが大きかったと思いますが、ＥＵのリーダーという別の役割で、ＥＵのまとめ役であり、対米、対中、対露、そして、対中東各国と対峙しながら、対話のパイプを切らずに、互いの利益も追求してきた、統一後のドイツには必要な「ドイツのお母さん」でありました。日本の政界にも、「お母さん」が必要ですが、現状はお父さんばかりではないでしょうか？

アンゲラ・ドロテア・メルケル首相は、たくましい「ドイツの母」と呼ばれる幾多の責任を果たし、２０２１年12月までの16年間、ドイツ首相を見事に務め上げ、政界を去りました。

食糧である農業普及に尽力した女性

食糧の確保は、誰にとっても毎日の課題です。また、世界を見ると、アフリカやアジアにおいて農業従事者の女性の割合が多いのです。女性の農業従事者はアフリカのブルンジの95・95％を筆頭に、日本は2・87％となっているのですが、昔は三ちゃん農業といわれたように、農業は家族総出の仕事でした。今でも、80歳を超えた女性の農業従事者はいます。さらに、農林水産省では女性の特性を生かした農業従事者を後押ししています。女性の特徴としては、①きめ細かい配慮ができる、②消費者目線で情報収集力が高い、③コミュニケーション能力が高い、という3点が挙げられています。日本では、農水大臣は男性の分担と考えている向きが多いのですが、例えば先進国の英国でも、私が出会った時、マーガレット・ベケット農林・漁業・食料大臣は「国民の生活を支える大事な分野」と熱く語って、活躍していました。２００２年からは環境・食料・田舎問題担当大臣という所掌に変わり、今や、食糧問題は環境問題でもあるという認識が欧州を中心に広がっています。いまだ日本では、農業と環境をリンクして大きなくくりで政策を考えるところまでの改革は進んでいません。アフリカの郡部には一夫多妻のところも多く、その場合は、夫は働かず、妻たちが農業に従事している姿を、30年ほど前に目の当たりにする機会があったので、まだその風習が残っているであろうと理解できます。他方、干ばつや洪水などの自然災害が農業にダメージをもたらしていたり、今回のようにウクライナの穀類に依存しているアフリカの国があったり、食糧問題は、まさに政治のど真ん中の課題になりつつあります。

4　食糧である農業普及に尽力した女性

マリソル・エスピノサ副大統領（ペルー）

マリソル氏は、視野の広い政治家であり、特に、メディアにいたこともあり、物事を的確にとらえて、それを分析し、政策に生かす能力に優れています。しかし、何よりも人柄が良く誠実で、小柄で細身でチャーミングな、そして愛らしい方です。イスラエルのハイファでお会いした折に、私に「ペルーに来られる時は必ず連絡してください」と言いました。往々にして政治家はリップサービスのことが多いのですが、彼女は、私に会うために選挙中にもかかわらず1500キロ離れた選挙区からペルーの首都リマに飛んで帰ってきてくれました。さらには、反対政党の元大臣たちも「マリソルに会いましたか？」と口々に言っていました。本当に信頼され、一目置かれており、彼女の人柄が党派を超えて評価されているのは、とてもうれしいことでした。日本も、党派を超えて信頼されるような国会議員がもっと多く輩出してほしいものです。

2015年にイスラエルのハイファで、第29回ゴルダ・メイア記念女性大臣会議が開催されました。ゴルダ・メイアはイスラエルの首相ですが、中東で初めての女性首相として有名です。彼女が首相を務めたのは1969～1974年ですから、ずいぶん前のことになります。そしてこの国際会議はメイアが外務大臣の時に発足して、隔年で開催されてきたのだそうですが、これまでただの一人も日本の大臣は招かれていないということでした。

すなわち、大使館は元より、各方面に尋ねても、大臣で、通訳なしで、①英語でスピーチし、質疑応答できること、②セッションの議長をできること、③大統領に提案する宣言書をまとめられること、の3条件を満たせる女性閣僚が日本にはいまだいないとのことでした。私は、大臣でもないので、最初はお断りしましたが、各方面から「アキコ・ヤマナカしかいないという声が前回もあったので、是非、今回は出席して日本の存在感を示してほしい」とのことで、引き受けました。また、どこの国から、どのような大臣が来るのかと楽しみでした。外務省はその女性大臣会議の存在すら知らなかったそうです。ゴルダ・メイア首相は、夫に先立たれてから、政治に専念し、首相を目指して以降、名前をマホビッチからメイアに変更したのだそうです。なぜかというと、メイアとはヘブライ語で「燃え輝く」という意味だからだそうです。その名前のとおり、熱い思いを持った人だったようで、有名な言葉として語られていたのが、「逆境は最良のスパーリングパートナーだ」です。

さて、30ヶ国余りから、それぞれ所掌の異なる大臣が出席し、3日間にわたってスピーチと議長、そして最後の日が大統領への宣言の作成というスケジュールでした。所掌が異なる大臣同士が一緒に仕事をするのは素晴らしい試みだと思いました。自分の得意分野ではないことも、所掌する大臣から聞くと新たな質問も湧いてくるし、学ぶことも多いからです。

その中でとても印象に残った大臣がいました。長い黒髪で小柄、とても清楚《せいそ》で、しかも透き通るよく響く声で、農業・環境について熱弁を振るっていたのです。農業を担当する大臣は女性には多くありません。環境のことも所掌を超えて話せるのはまれなことです。答弁も丁寧で、わかりやすくまとめて語れるのも印象的でした。なんとその人は、ペルーの第一副大統領のマリソル・エスピノサだったのです。彼女も、私の予防外交の話は大変興味深く、とても勉強になったので、もう少し詳しく聞いてみたいと思っていたとのこと。意気投合して、休み時間を見つけては意見交換をしました。

マリソル・エスピノサは1967年に、ペルーの北部のピウラで生まれました。地元のピウラ大学で情報科学と教養学、特にジャーナリズム論を専攻しました。そして、ペルーやアメリカの新聞、ラジオ、テレビで活躍します。その後、大学院教育を米国のフロリダ国際大学やノースウェスタン大学で受けてから、母校のピウラ大学で修士号を取得しました。

2005年にペルーユニオン党に入党して、2006年に故郷ピウラから下院議員に当選し、

2019年まで国会議員を務めました。その間、2009年には国会の議長を務め、2011年の大統領選挙では、エスピノサはウマラ大統領の第一副大統領候補者として、ペルーの風党から選挙戦に臨みます。結果、2人は51・1％の得票率で大統領と第一副大統領に選出されました。2015年にはペルーの風党から離脱して、独立した候補者として総選挙に臨み、当選を果たしました。

2006年、私はペルーのガルシア大統領就任式に、日本とペルーの外交関係の改善の任務を負って総理官邸から派遣されました。その時のことを彼女に話したら、感激してくれました。なぜなら、当時の任務の中に農業灌漑《かんがい》施設の支援や、農作物の日本への輸入に必要な地中海ミバエの駆除の支援など、農業支援も含めていたのです。それが実って、首都リマから1500キロも離れた彼女の選挙区地域での農業発展の一助になれたことがわかりました。私もうれしく、また彼女も知らなかった背景を知って、「是非、ペルーに来る時には連絡してください。必ず時間をつくります」と約束してくれたのです。

副大統領ですし、彼女自身は親切で優しい人ですが、そう簡単に面談ができるかどうかわかりません。ところが、運良く、2016年にペルーに行く機会が訪れました。しかしその時は、総選挙の最中でしたので、面会は難しいだろうと思いましたが、約束したので一応連絡してみました。すると、日程をきちんと調整して、大統領府で面談することになりました。副大統領とお会いできることになったので、私は、その日一日の日程をリマで確保して、2006年当時にご縁のあった方々にも連絡を取り、彼女の時間の前後に予定を入れたので、びっしり一日仕事になりました。それほどに、２００６年の日本とペルーの信頼回復・外交関係改善は大仕事だったのです。

２００６年の大仕事について詳しく書きたいと思います。ガルシア大統領の就任式に、私が日本政府の代表として出席し、また、外交交渉を担ったのです。それは、「政治と経済・人的交流を切り離して、両国関係を修復する」という任務でした。

出発まで十分なブリーフィングを受ける時間がなく、山のような書類を渡されて、それを読んでペルーまでの機上で、ずっと勉強し続けたのです。そこには、日本とペルーの関係、日本がペルーにできる国際的支援、日本にとってペルー国との関係改善の必要性等々が書かれていました。機上ではほとんど休まず、その資料に目を通していたので、到着した時には、すっかり疲れ果ててはいましたが、他方、ある程度の歴史、現状、日本との友好の障壁、日本の支援の具体的な可能性などについて、頭に入れていました。

さて、ペルーに到着早々に石田仁宏大使が訴えたのは、当時のトレド大統領から呼び出されて出向くたびに、出席者の面前で、日本がフジモリ大統領を擁護し、かくまったとのことで、罵倒される事態が起こり、大使として何とも情けない思いをしている旨の説明でした。また、ペルーの日本商工会議所の代表者の方々からは、長年かけてペルー人の信頼を得てきた日本の企業への契約が次々と打ち切られ、収益を期待できず、このままだとペルーから引き揚げざるを得ない企業が続出している現状を聞きました。さらに、日系人会の幹部の方々からは、もともと移民として地元で努力して病院や学校を創設し、利用者の7～8割がペルー人で信頼を得てきましたが、その長年の苦労がすべて無に帰する瀬戸際にあるという悲鳴が相次いだのです。日本で聞いていたよりも、はるかに深刻な状況でした。

大統領の就任式の前に、この溝を埋めなければならないとの決意の下、どのような方針で、どのような戦略を立て、それを就任式までの中一日でどのように達成するかを考え、決断し、実行しなければならないところに置かれてしまっていたのです。大変な状況でした。しかし、不思議なことに、私は自身の売り込みはとても下手ですが、国のため、国民のためとなると力も知恵も湧いてくるのです。

ペルーでは大統領就任前に閣僚が発表されるので、新聞発表の閣僚名簿を入手次第持ってきてもらい、スペイン語の堪能な大使と2人で、閣僚名簿の上から下まで、丁寧にチェックしました。するとなんと、第一副大統領予定者が、元海軍大将のジャンピエトリ氏であることがわかりました。この方は、1996年12月の天皇誕生日のレセプションの最中に起こったペルー大使館人質事件の折に、ペルー人は解放されたのに、ただ一人秘書と共に自ら残り、大使館内の情報を当時のフジモリ大統領に知らせて、その後日本人が全員無事救出された時の海軍大将ジャンピエトリ氏であることがわかりました。

「よし、この縁しかない！」と腹をくくり、すぐに、ジャンピエトリ氏に連絡を取ってもらい、大使と2人で自宅を訪ねました。ところが驚いたことに、日本政府の高官で、9年間にわたり、この命の恩人を訪れお礼を言った人がいなかったと聞いて、日本は礼を失していると愕然《がくぜん》としました。

郊外の大きなお屋敷には、きちんとして礼儀正しく、また、教養もある紳士がいて、「日本からわざわざお礼に来ていただき、うれしく思います」とヨーロッパ英語で述べられました。家の中に招き入れられると、イタリアの家具や絵画が「あっ！　イタリアの香りがするわ！」と思わずつぶやいてしまったほどでした。それを聞いて、にっこりと満面の笑みになったジャンピエトリ氏が「どうしてわかったのですか？　実は、自分はイタリア系で、ペルーの欧州系の中では少数派なのです！」と言って、飾ってあった絵画や美術品の説明を始めたのです。

ジャンピエトリ副大統領予定者が、ニコニコしながら対応してくださるタイミングをとらえて、率直に「実は、明日の大統領の就任式に出席するのですが、ガルシア大統領との面談がセッティングされていません。日本としては、是非、日本とペルーの友好関係を再構築したいのです。その場合は、フジモリ元大統領の件があるので、政治と経済・文化を分けて、まず、経済・文化の友好協力を提案したいのです」と率直に述べてみました。すると、実は、ベラウンデ外務大臣予定者が、日本に対しては厳しい考えを持っているので、彼に納得してもらわないと、事は進まない。しかも、外務大臣補佐官が、もっと対日強硬派であることがわかりました。果たして、翌日の就任式までに、外務大臣予定者とその補佐官の2人を、どうやって納得させられるのか？　すると、ジャンピエトリ氏がベラウンデ氏にその場で電話を入れて、私のことを「日本の友人」と紹介し、とにかく、今すぐに会って話を聞いてあげてほしいと頼んでくれたのです。

山のような資料を私は機上で読んで、これは使えそうな文書・データと思った箇所にふせんを貼り付けておいたので、すぐにその資料を抱えて、指定された場所へ向かいました。機微にかかわる話し合いなので、漏れないように私と大使の2人だけ、相手側も外務大臣予定者と補佐官の2名だけということから、ペルー側も本気で話を聞く心構えであることがうかがえました。

さて、通訳を入れずに英語で3時間半、本当に厳しいやり取りでした。まず、政治と経済・文化を切り離してほしいこと、そして、農産物の地中海ミバエの駆除方法や農業の灌漑用水文援の申請方法等々、資料を見せながら、相手の2人が納得するまで、丁寧に繰り返し説明しました。そして、3時間半後には、ベラウンデ外務大臣予定者もその補佐官も満面の笑みで、握手を求めてきたのでした。

その努力が実ってその夜、ガルシア新大統領との直接面談の時間の知らせがきました。すべての外国からの賓客との面談は10分ずつで、大統領は、出迎えも送りもせずに、次々と30ヶ国ほどの面談を行うとのことでした。直接の面談が決まってほっとしましたが、さて、そこから通訳入りで10分間ということは、実質5分しかないので、きちんと準備し、最も効果的にこちらの意図を伝える準備に取り掛かりました。準備には3時間余り要しましたが、それは、ＰＣで原案を打ち込んでいる途中で、当時、電気事情の不安定なリマのホテルで、急に電気が飛んで、原稿がすべて消えてしまうというハプニングもあり、思ったより時間を費やすことになってしまったのです。

神経を集中したベラウンデ外務大臣予定者との交渉の後、電気が消えた暗闇の中で、涙が出そうになったことも記憶に残っています。

徹夜のようにして、A4の用紙1枚にまとめた10項目の私の原案は、①政治と経済・文化を切り離して日本とペルーの友好を復活することに関して2項目、②経済活動は、灌漑設備から、地中海ミバエまで前日に合意した中から特徴的な5項目、③文化と人の交流に関して3項目という、合計10項目の肝の部分を簡潔に書いてあります。当日の朝、大使は、「これまで何人もの大臣や副大臣に仕えてきたけれど、ここまで、きちんと考えて準備した政府高官は初めてです。簡潔でよくできているので、これでやりましょう」と言って、早速、通訳担当者にスペイン語に翻訳させて、就任式の開催時間の前に何とか準備を整えました。

いよいよ、ガルシア大統領との10分間の面談です。このように次々に各国からの代表が表敬訪問するような機会には、きっちりと決められた時間で事を成さなければなりません。前日、副大統領や外務大臣と打ち合わせ、合意した内容に限定して、日本とペルーは今後、政治と経済・文化・人の交流を切り離すという提案、農業を含む経済活動と灌漑など日本としての支援の規模など、さらには、安全保障分野の交流と、文化と人的な交流の再開の10項目を5分で伝えました。ガルシア大統領も、同席していた隣のベラウンデ外務大臣予定者も、ニコニコしながら聞いていて、大統領は、「天皇陛下と日本政府にAKIKO YAMANAKAを特使として派遣してくれたことに感謝します。今日、今から日本とペルーは政治と経済・文化・人の交流を切り離し、友好国とすることで合意しました」と述べたのでした。

大使は涙目でしたが、席を立つ前に、私は「ここで確認！」するのが外交交渉の鉄則と思い、一言、「日系人には、私と大使から、今日の結果を説明します。しかし、ペルー国民にはどなたがどういう形で日本との和解を知らせるのですか？」と尋ねました。すると急に、大統領が立ち上がって、私を連れて部屋の外の2段高い大きな半円形のステージの真ん中に立ちました。そこは記者会見場でした。私をメディアの前に連れて行き、「日本の天皇陛下と小泉総理大臣が、大統領就任式に派遣してくれたAKIKO YAMANAKAです」と言ったらしい。私はスペイン語はわからないが、「ヤポン」「エンペラ」「コイズミ」そして「アキコ　ヤマナカ」という単語が耳に入ったので、だいたい挨拶の内容は想像がつきました。そこから、2分間ほど、ガルシア大統領がメディアに向けて、話し続けました。時々、私の方を見るので、そのたびに、私はにこっとほほえんでうなずきました。日本とペルーが政治とは切り離し、経済・文化・人の交流を再開したことを伝えているに違いないので、私は言葉がわからなくてもにっこりほほえんで、その場をなごませる役割に徹しました。

何よりも、私の質問を真摯に受け止めて、ペルーのメディア、すなわちペルー国民に大統領が自ら説明してくれた、その誠意に目頭が熱くなったのです。話し終わると、2メートルもある大統領がこちらに向き直って、日本人のように深々とお辞儀をするので、小さな私は子供のように見えたでしょうが、私も大統領のほうに向き直って、深々とお辞儀をして、にっこりしながら握手をしたまま、2人でメディアのカメラに向かってポーズを取りました。

残るミッションは、大使館で待っている日系人と日本企業の方々に、昨日からの経緯を報告することです。皆さん、どんなに喜んでくれるでしょうか！　それで、私のミッションコンプリート！　となります。急いで大使と大使館に到着すると、集まってくれていた大勢の日本人と日系人が、皆さん、なぜか泣いているんです。ガルシア大統領と私の記者会見がそのまま生放送され見ていたというのです。


それから9年目に、思いがけずに、イスラエルのハイファでのゴルダ・メイア記念女性大臣会議で、マリソル・エスピノサ副大統領に会ったのです。しかも、彼女は、私が提案した灌漑用水の問題や、農産物の消毒・検疫、さらに環境問題にも触れたスピーチをしたのです。あの努力がこうして実を結んでいることがわかり、胸が熱くなりました。なんと、女性の副大統領なのです。しかも、彼女も私のスピーチに共感してくれて、価値観を共有できる人との出会いの3日間を過ごすことができました。これはご縁と言うしかありません。

翌年に、リマの大統領府で副大統領と面談しましたが、その会談の内容は、大統領府から写真入りで翌日には公開されたそうです。選挙戦の最中に、1500キロ離れた選挙区から飛んできてくれて、ペルーの伝統馬ペルビアン・パソの置物をわざわざ持ってきてくれました。もちろんそれは、わが家の暖炉の横に鎮座しています。私は思ったとおりのマリソルの誠意をしっかりと受け止めました。そして、せっかくの機会だったので、10年ぶりでしたが、ジャンピエトリ当時の第一副大統領を訪ねたところ、本当に喜んでくれました。２０１１年には、ようやく旭日大綬章が授与されました。またベラウンデ元外務大臣は、外交学校の教授として外交官の教育に携わっていました。

さらにうれしかったのは、日系人の方々です。当時、会長や女性部長、青年部長など10名とお会いしましたが、なんと、そのうち９人がいらしたのです！　当時、一緒に涙を流した方々はしっかりと覚えていてくださいました。この方々は、私のペルーの宝物です。そして、皆さん口々に、「マリソルに会いましたか？」と聞いてくれました。党派は違っても、マリソル・エスピノサ第一副大統領は、この５年間、国民の皆さんに愛されてきたのだということが印象的でした。もちろん、その選挙で彼女は当選しました。

心優しい、そして誠実な、マリソル・エスピノサ第一副大統領のおかげで、私にとって、ペルーの人々はさらにかけがえのない宝物になりました。そして、彼女とは近い将来にきっとまたお会いできるような気がしています。

環境意識を変えようとした女性

環境大臣というのは、重要閣僚への登竜門のように位置付けている国が多いのですが、環境の所掌する範囲は多岐にわたり、視野を広げる意味でとても良いポジションだと思います。ただ、最近は食糧問題も、エネルギー問題も、私たちの生活も環境問題とかかわりがあるので、その重要性は、今までとは比べようもありません。ＳＤＧｓにも象徴されるように、生活環境、生物環境から地球環境まで所掌範囲は広く、取り扱う分野も多岐にわたっているため、環境大臣は、ともすれば官僚や専門家、そして国際機関の助言に基づいて活動していることが多いです。しかし、大事な点の一つは、価値観と意識です。これは、行動に示すことも、成果として強調することも難しいので、ついつい評価をスルーしてしまいがちです。しかし、私たちの生活が、金銭的に豊かであることがその人の豊かさのバロメーターであったこれまでの価値観を、自然が豊かである場所で、心地よい風が吹く場所で、きれいな空気を吸って生活することの豊かさを認識することが、私たちの生活や地球の未来を見据えると、大事な要素であると気がつくでしょう。その意味で、非常に人間味のある優しい紳士で、しかも8年間の大臣在任中、デンマークの電力を風力発電など持続可能なエネルギーに変換し、産業までもそれに合わせて変え、現在の環境先進国デンマークの基礎を築いたスベン・オウケン環境・エネルギー大臣（1993～2001）のような、環境大臣としてのロールモデルとなる特筆すべき人物もいます。ですから、環境問題は性別を超えて、人類の未来への問題との認識を持ってほしいと思います。

5　環境意識を変えようとした女性

ワンガリ・マータイ環境大臣（ケニア）

ワンガリ・マータイは、笑顔がはじけるような、朗らかで陽気な方でした。もともとはNGO代表だったのですが、ケニア政府は彼女を環境大臣に任命しました。日本でも時々、民間人の大臣が任命されますが、もっと専門家を活用して内閣を構成することも首相の大事な役割だと思います。彼女が、日本の物を大切にする習慣に感激して「モッタイナイ！」精神を海外に紹介しましたが、その間に、日本は米国型の消費社会に変わってしまいました。ですから今こそ、「モッタイナイ精神」を日本がもう一度取り戻す時が来ていると思います。その意味で、人懐っこく、温かい手の持ち主で、ハグすると強くておしつぶされそうな感じさえする情熱家のマータイさんを思い出したいと思います。

2006年、ギリシャのテッサロニキで、私は外務大臣政務官として南東欧協力プロセス

（SEECP）外相会合でスピーチをしました。これは、西バルカン平和定着・経済発展閣僚会合共同結論文書に集約されました。その折、一日しかない日程でしたが、なかなか直には会えないセルビア・モンテネグロの外相、マケドニア旧ユーゴスラビア共和国の外相、アルバニアコソボ暫定行政ミッション特別代表、ギリシャ外務大臣、ブルガリア外務大臣、クロアチア外務大臣など、計7人の大臣とそれぞれ個別の会談をしました。通訳を入れる時間的余裕がなく、また、食事の時間もないほどの詰まった日程でしたが、それぞれの国の事情を直接聞くことができ、また、日本への期待も聴取でき、日本外交に大いに寄与したと思っています。

そして、テッサロニキ商工会議所会頭の主催で夕食会が開かれました。食事後のお茶の時間に、「先ほどスピーチされた日本の方ですよね？」と声を掛けてきた女性がいます。明るい緑がかったアフリカの民族衣装を着たその女性は、「先ほどのスピーチには感激しました。私は日本が大好きです！」と言うのです、どなたかなと思いましたら、ケニアのワンガリ・マータイ環境・天然資源・野生動物省副大臣でした。私は、「この方がマータイさんなのだ！」とうれしく思いました。なぜかというと、彼女の名前は日本では有名だったからです。

彼女は環境保護をライフワークとしているので、京都議定書の環境会議出席のため日本に来ました。その時に、日本という国は、米国のような使い捨て文化ではなく「モッタイナイ」の精神で、物を大切にする文化だということを学んだそうです。この「モッタイナイ」の精神で、地球を、人を、動物を、文化を大事にしたいと考えたのです。日本で大切なことを学んだと日本に感謝していました。私は、ちょっと心が痛みました。なぜなら、最近の日本人が忘れかけている「モッタイナイ」の精神を世界に広めようとしているのです。とてもうれしい話でした。

その話し方は、きちんとした英語で、しかも、温かく優しい人柄をしのばせるおっとりとした女性でした。そこで、私も国連婦人の十年ナイロビ会議に出席した時の思い出を話しました。ナイロビはすっかり開発が進み、大都会になっているとのことでしたが、会議の会場だったナイロビ大学は、彼女の母校であり、しかも、彼女は初めての女性教授でした。2人とも、大学人であり、そして国会議員だったので、たくさんの共通の話題があり、次は日本で会いましょうということで、楽しい時を過ごしました。一日中、会議、スピーチ、大臣との面談と忙しく頭を使った日でしたので、最後に、こうしてゆったりと、環境、女性の問題、平和構築について話せたのは、幸運でした。


実は、そのゆったりさとは裏腹に、彼女の人生は戦いの日々でした。1940年に、ケニアの農家のキクユ族の娘として生まれましたが、教育は米国で受けました。ベネディクティン・カレッジを卒業後、ピッツバーグ大学で修士号、ナイロビ大学で博士号を取得しました。博士号は獣医学です。1971年にはナイロビ大学で初の女性教授に就任。そして、土壌の浸食と砂漠化を防ぐ植林活動を始めました。その活動をアフリカ大陸全土に広げるべく、民主化や持続可能な開発の推進に力を尽くします。

しかし、当時、ケニアは独裁政権でしたので、公然と民主化を叫び、独裁政権を批判したことで、何度も逮捕・投獄されたのでした。そして、1997年には、ケニアの大統領選挙に立候補しようとしましたが、結局、断念しました。その後、2002年に国会議員となり、2003年には、環境・天然資源・野生動物省の副大臣を務め、緑の党を設立。2005年3月には、国連女性の地位委員会で日本で学んだもったいないの精神を伝え、出席者全員で、「モッタイナイ」を唱和して、「MOTTAINAI」キャンペーンを展開することになりました。さらに、アフリカ連合経済社会文化会議の初代議長に選出されます。2006年トリノ五輪の開会式ではオリンピック旗を掲揚する際の旗手を務めました。しかし、2007年の選挙で落選します。

マータイ氏の特筆すべき事項としては、2004年にノーベル平和賞を受賞したことです。持続可能な開発、民主主義と平和への貢献により、環境分野の活動家としては初めて、女性として初めての快挙です。2011年にがんのため逝去しましたが、ケニアのキバキ大統領は生前の功績をたたえて、国葬という異例の方法で葬儀が執り行われました。ケニアも火葬にするのですが、彼女の遺言で「木を燃やさないでほしい」という言葉に従い、特別な棺に入れ、ガスにより火葬されました。

あの優しい笑顔を思い出し、米国型の消費社会に慣れてしまった日本の国民が、もう一度、「モッタイナイ」の精神を認識し、ポストコロナの新しい時代に歩み出してほしいと願うばかりです。

国際社会や地域社会の発展と安定のために尽力した女性

私たちが暮らす社会は、どのような形が理想的なのかを誰もが一度は考えますが、〝これだ〟と断言することはできません。けれども、地域社会や国際社会が、宗教、民族、皮膚の色、国籍などによって差別されない社会を築き、その連帯が国際社会の平和と安定につながることを望んで、その目的に向かって、自分のできる場所で、自分のできる力を駆使して、皆のために奉仕することが、いかに重要であり、いかに大きな支援になるかを、私たち、特に日本人はもう一度考える必要があるのではないでしょうか？　地域というのは、地続きの地域のみを指すのではなく、離れた地域であっても、その地域に住んでいる人々の平和と安定を望んで努力することも、大きな意味を持ちます。ここでは、自分の置かれた立場で、あるいは自分が選んだ方法で、さまざまな角度から国際社会や地域の発展と安定に尽くした女性たちを紹介したいと思います。

6　国際社会や地域社会の発展と安定のために尽力した女性①

レティシア・ラモス・シャハニ上院議員（フィリピン）

優しく親切なしっかり者のお姉さんという感じの方でした。その印象は、何度お会いしても、何年たっても変わりません。品の良い穏やかな表情で、しかし、とてもしっかりしていて、話すこととなすことが一貫しています。女性の経済的自立のための職業訓練所の設立や、10年たってもその時に世話になった日本のことを新たな訓練生や指導者に伝えたいという思いを持って行動したのですが、日本政府は、2年から4年で所掌が替わるので、過去のことは自分の責任範囲ではなく、冷たい対応を取ります。これは、省庁を超えてどこも同じです。ですから、長い縁をつないで、日本とフィリピンの女性の交流をつなげたいという彼女の思いを受け止めることができずに、結局、私のようにその大切さがわかる者が自費で応じることになるのです。彼女を見ていて、日本の政府にもっと自分の立場でなく、公僕として将来の人たちのために良き縁をつなげるという風土が育ってほしいと感じました。そして、彼女もまた謙虚で、自分がラモス大統領の妹であることを笠に着ることもなく、最初に出会った時と同じように接してくれたのも印象深いことでした。

１９８５年、国連婦人の十年ナイロビ会議が開催されました。その国際会議は１９７５年のメキシコでの国際婦人年世界会議の時と異なり、政府間会議と並行する形で初めてＮＧＯ会議が実現しました。しかも、日本においては、都道府県ごとに参加するかどうかを決めるという方針が打ち出され、そこで北海道もＮＧＯ代表を送ることになり、私も30代で代表団の一員に選出されました。

その当時のケニアの首都ナイロビ市は、初代ケニヤッタ大統領の娘が市長を務めていました。日本人にとっては、首都の市長が女性というのは、本当に驚きでした。空港から外国人専用ホテルまでの車道には、ブーゲンビリアが植えられて並木となっていました。会場はナイロビ大学です。

北海道チームはフランスにも立ち寄り、この会議を機に創設された「家族省」について説明を受けました。女性の社会進出により託児施設が足りなくなり、家族皆が将来への不安を解消できるように託児の施設を充実したり、産休制度を充実させるなど、子育てをする家族のための制度を整備したのです。現在のフランスの女性の社会進出を大いに後押しする制度で、当時は画期的だったのです。

開会式では、日本政府の代表の森山真弓外務政務次官が英語でスピーチをされました。遠くで拝聴し、わが母校の先輩がこうして国際社会で活躍している姿に感激しました。そしてハイライトは、国連婦人の十年国際会議のレティシア・シャハニ事務局長のスピーチでした。今でもしっかり覚えているほど、素晴らしい内容だったのです。特に3つのことを強調されました。

①平和というのは、単に戦争がないことではありません。私たちの子供たちに、戦争と平和の事実を教えることができる生まれながらの教師は女性です。

②真の発展というのは、経済的発展のみではなく、社会的、文化的そして政治的発展をいうのです。

③男性と女性の平等というのは、単に偏見がなくなったということではありません。むしろ、平等というのは自分たちの社会発展の過程の中に女性が参画する権利を与えられ、機会を与えられ、そして責任を与えられる状況を意味するのです。

この言葉は、私が平和構築、社会基盤の整備、平等な社会の構築に取り組むきっかけになりました。もう一つ、私は事務局長の開会挨拶という短いスピーチにも、このような内容を盛り込むことができるのだと本当に感動し、素晴らしいと思いました。そして、このような発言のできる女性はどういう人なのか、興味が深まりました。とはいえ、簡単にお会いできるものでもありません。

そのころのナイロビは、まだ治安も悪く、日本大使館から渡されたリーフレットを見ると、網掛けの部分のみ自由行動できるものの、その他の場所には出歩いてはいけないという禁止要請でした。では網掛けの部分は自由に歩けるというので、詳しく見てみると、まず、会議の行われたナイロビ大学構内、そして数か所ある世界各国から来た外国人専用のホテル。しかし、その間はつながっていません。すなわち、大学の構内と各ホテルの中のみが自由行動が許された場所でした。せっかく、ナイロビにいながら街も人も見ることができなかったのです。

このため、日本各地の代表の女性たちが主催者に要請して、小型バスを1台用意してもらい、1時間ほどですが、ナイロビの街を案内してもらうことになりました。私はいそいそとバスに乗り込みました。ところが、ほかには誰も乗りません。あんなに厳しく要求していた日本人が誰も参加しないのです。その時、私は、自分たちが準備させておいて、参加しないという日本からの参加者の態度に、日本人はなんとわがままなのだろうと落胆しました。そのおかげで、私は貸し切りバスでじっくりとナイロビの街を案内してもらいました。

そのバスには、運転手と、片言ですが日本語を話す大学生がガイドとして乗っていました。でも、2人が会話をする時はタドタドシイ英語なのです。最初、私に気を使って、英語で話しているのかと思ったのですが、実はこのケニアという国を構成している50余りの部族にはそれぞれの言語があって、互いに通じないので、共通語として英語を使うということを知りました。

店舗という体を成してはいないが、山積みにした衣服の店や、ケニア各地からこの会議を目当てにお土産物を並べている道端の人々などを目の当たりにしましたが、それを説明してくれた学生は、ナイロビ大学で日本語を勉強していて、日本は憧れの国なので、いつか留学して日本語や日本の文化を学び、日本人と友達になりたいと語っていました。こういう若者を留学生として受け入れる、日本の大学の制度を整えたいものだと大学人として思いました。

さて、たった一人のナイロビ見学のバスからホテルに戻ると、そこに、なんとあのレティシア・ラモス・シャハニ事務局長が立っているではありませんか！　一瞬目を疑ったのですが、間違いなく彼女でした。

そこで、そっと、「レティシア・シャハニ事務局長でしょうか？」と尋ねてみました。すると「そうですが……」。そこで私は開会式での素晴らしいスピーチについて、率直に感じたことを伝えました。すると「あら、うれしい！　そういう言葉を掛けてくださったのはあなただけです。私の思いをきちんと受け取ってくださったのね。ありがとう」という言葉でした。それからしばらく、2人でロビーのソファに腰かけて、いろいろ話をして、連絡先の交換をしました。

レティシア・シャハニ事務局長は、1929年に、フィリピンの外務大臣を務めた父ラモスと、マルコス家の縁戚で教育者の母の下に生まれました。そして、フィリピン大学の付属小中学校で教育を受け、後に米国マサチューセッツ州の女子大学ウェルズリー大学へ進学します。このウェルズリー大学は、あのヒラリー・クリントン国務長官が卒業した大学です。私はハーバード大学に客員研究員として招聘された時に、招かれて3回特別講義をしたことがあります。彼女はその後、米国コロンビア大学で修士号を取得し、パリ大学で博士号を取得しました。

そして、フィリピン大学をはじめ、フィリピンと米国のいくつかの大学で教鞭《きょうべん》をとり、英文学、フランス語、スペイン語、比較文学、人文学、社会心理学などを教えました。大学人という意味で、共通の話題も多く、非常にわかり合える友人となりました。その後、彼女はフィリピンの外交官としてドイツやオーストラリア大使、国連婦人の十年ナイロビ会議の事務局長を経て、国連の社会・人道問題担当事務次長となりました。

１９８７年にフィリピンに戻り上院議員に当選し、フィリピン問題副大臣や外務委員会、教育・文化・芸術委員会、農業委員会などの委員長を務めました。特に、１歳上の兄、フィデル・ラモスが１９９２年に大統領になってからは、上院議員会長として大統領を支えたことで知られています。ちなみに、フィデル・ラモス大統領はフィリピン史上初めてのプロテスタントの大統領で、筋を通しながら、柔軟性も併せ持ち、包容力のある大統領として国民の信頼を得ました。フィリピンの大統領が１期５年、延長なしというルールでなかったら再任されていただろうとは、多くの人々が語ってるところです。

ちょうど、１９９６年に私が衆議院議員となったことから、レティシア・シャハニ上院議員と一緒にいろいろ取り組みました。特に思い出深いのは、日本の支援で設立した女性職業訓練所に関してです。

フィリピン側では、その10周年の記念行事を行う計画を1年前から立てて、日本の衆議院と参議院に、一人でもいいので、国会議員を派遣して挨拶をしてほしいとの正式の依頼文を送ったそうです。しかし、1ヶ月前になっても、日本の両院からは返事がなかったそうです。そこで、彼女から「悪いけれど、衆議院と参議院に依頼状が届いているはずなので確認してほしい」と言ってきたので、私は衆議院と参議院に確認に出向きました。すると案の定、「調べてみます」という答えでした。ところが、その2日後に、両院からシャハニ上院議員に直接返信が届いて、「本院においては、その予定も予算もありませんので、議員を派遣することはできません」というものでした。シャハニ上院議員は「この職業訓練所は日本政府が財政支援をして設立したもので、その10周年というのは、フィリピンの政府と女性たちが日本に感謝するための行事です。日本から一人の議員もいらしていただけないとしたら、フィリピンの出席者は日本はフィリピンを重視していないと感じるでしょう。日程を一日ずらして土・日にするから、挨拶してもらえないでしょうか?」と言うのです。10年来の友情と日本とフィリピンの友好関係、特に女性にかかわる行事ですので、これを断ったら日本の面目はないだろうという思いで、土・日にかけて、自費でエコノミークラスでフィリピンに行き、記念行事で挨拶をして、とんぼ返りしました。

行ってみて良かったのは、その職業訓練所は評価も高く、実際の就職に役立っていたことがよくわかったことと、なんと一番人気のある科目は、料理でも、裁縫でもなく、溶接だったことです。実は、フィリピンの女性の繊細な指遣いが、溶接の仕上げを美しくできるので、就職口が急増し、しかも専門職として高い収入が得られることから、子供を背負って実習をしている女性たちを目の当たりにしました。一目で私が日本人であることは歴然としていますので、受講生たちは皆ニコニコと笑顔で歓迎してくれました。こういう信頼の積み重ねの大事さを日本政府も国会ももっとわかってほしいと、つくづく思いました。

個人生活では、彼女は、インド国籍で大学教授であり作家であるシャハニ氏と結婚し、3人の子供に恵まれています。

レティシア・ラモス・シャハニ上院議員と著者

7　国際社会や地域社会の発展と安定のために尽力した女性②

シャーリー・ウィリアムズ貴族院議員（英国）

２０２１年逝去されましたが、彼女は私にとって、大学教授、そして国会議員のロールモデルと言っても過言ではありません。小柄でちょっとふっくらしていて、シンデレラの3人の魔法使いの一番小さく優しい魔法使いを連想させる風貌です。花柄のワンピース姿で英国のお嬢様がそのまま成長した感じで、ハーバード大学で講義していました。頭の切れる方で、無駄な言葉は一つも発せず、立て板に水を流すようにスラスラと講義するのですが、学生にとって何を学ぶことが一番役に立つのかをきちんと見極めて、準備に余念がありません。しかも、重要な案件には専門家を連れてきて必要なことだけを話させるので、無駄な時間が全くありません。また、議員などがたまたま来ているとわかると、すぐに招いて、学生にとって最新の役に立つ情報を直に伝えてもらうのです。他方、貴族院議員としての活動も行動的で、米国に対してだろうと、誰が相手であろうと、民主主義に反することには毅然《きぜん》と論理的に立ち向かう勇気と自信を持っている方でした。妹のように可愛がっていただき、米国でも英国でも、いつお会いしても私を尊重してくださいました。そして英国式のユーモアのセンスが抜群で、話していてとても楽しく、心豊かになる思い出です。

1995年にハーバード大学に客員研究員として招聘されていた時のことです。世話役であったジョセフ・ナイ教授が、「欧州政治に関するとても面白く素晴らしい講義があるから、是非、顔を出してみたら……」とすすめてくれたのが、シャーリー・ウィリアムズ教授の「欧州政治」の講座でした。私は、そのころ、不覚にもシャーリー・ウィリアムズがどういう人物なのか知らず、ハーバード大学ケネディ・スクールの教授という肩書を鵜呑《うの》みにしていました。

さて、その講義を聴いて驚きました。かわいらしいワンピース姿の品の良い中年の女性が、張りのある声で、全く無駄のない講義をして、しかも出席者に次々発言させて、それに対して真摯に手抜きせずに答えていく講義は、とても楽しく、そして学ぶことの多い内容でした。ウィリアムズ教授は、「あら、日本の方ね。私も2度ほど日本に行ったことがあるわ。このクラスには残念ながら日本人はいないと思っていたので、あなたが来てくれてうれしいわ」と歓迎してくれました。それから週に1度は彼女のクラスに出席していました。

すると、「ランチを一緒にしない?」と誘ってくださるようになって、講義の30分後に、彼女の教授室に寄り、一緒に学内のレストランに歩いていくのが習慣となりました。彼女は、日本の政治についていろいろ鋭く質問してくるので、私の知る限りの正直な現状を伝えました。お返しに、私も欧州各国間の差など、経済、安全保障、防衛、文化などの分野の質問をしたのでした。

彼女は、何を食べても必ずレモネードを一緒に注文していました。私もちょっとまねて、甘酸っぱいレモネードを注文するようになりました。「あら、あなたもレモネードが好きなのね？」とにっこりほほえむ彼女は、講義の時の切れ味鋭い様子とは全く違うチャーミングさでした。

講義を受けるごとに、そのころ日本ではやっていた『文学部唯野教授』（筒井康隆）ではないな？という疑問が私の中に湧いてきました。なぜなら、ある時、彼女が「今日は英国庶民院の議員が、息子に会うためにプライベートで来ています。皆の議論を聞いて、講義の最後に10分あげますので一番役に立つ最新の情報をまとめて話してください」と言いました。すると右手の一番奥の席にセーター姿で座っていた紳士が「はい、わかりました」と返事しました。ちらちら途中で振り返ってみると、熱心にメモをとっていました。

本当に最後の10分になって、ウィリアムズ教授が「はい。では10分でお願いします！」と促すと、その日の議論になった項目に関して的確な情報を次々と述べてくれたのです。「どうもありがとう」と彼女が言うと、「どういたしまして、お役に立ててうれしいです」と答えました。

また、別の日は、「どうも皆さんは欧州法を十分理解していないように見受けられるので、今日は、欧州法の世界的権威の教授に来てもらいましたが、一番押さえておかなければならない大事な箇所をわかりやすく説明してください。はい、では30分以内でお願いします！」と言って、30分の特別講義をしてもらう。このように、普通の教授にはない面白さがどんどん積み重なり、人気のある講義として有名になったのは納得でした。

私は北海学園大学に人文学部を設置しました。準備段階では、大学は資金難でしたので、英米文化学科に10名の海外からの講師を採用するため、１００名ほどの応募者に電話インタビューして、10名選びました。その学部の運営が軌道に乗ったので、私はようやく海外研修に行くことができたのです。ですから、この講義のあり方は大変参考になりました。やがて、彼女の講座が終了し、英国へ帰国する時期になりました。私は大学教授として、英国の王立国際問題研究所とも縁があったので、彼女に「私も英国へ行くことがあると思うので、その時お会いできますか?」と聞きますと、一瞬彼女は戸惑ったように見えましたが、すぐに「もちろん!ただ、英国でお会いする時はちょっと一手間掛かりますけれど……」という返事でした。実は、シャーリー・ウィリアムズは当時、現職の英国の貴族院の議員で、議会がない時期に年に1学期だけ、ハーバードで講義をしていたのでした。国会議員と大学教授が両立できるお手本を見て、私も現職議員として、火曜の朝一で多摩大学で講義をしましたし、その後、北大の大学院で、議員の時も議員でない時も、11年間「国際交渉戦略論」の集中講義を続けました。

その後、何度もウェストミンスター（英国議会）でお会いしました。「ちょっと一手間」とはどのような手順かというと、まず、本人と日程の調整をして、正確な時間を決めます。当日は、早めに貴族院の入り口に行きます。以前は、屋根のあるメインの入り口までロンドンタクシーが横付けできましたが、テロの危険性も叫ばれるようになって、外側の道路までしか行けなくなりました。そこで降りて、道路際のポリスボックスで、面会相手の名前を告げると通してくれるので、敷地の中のメインの入り口まで歩いて行きます。受付で面会相手の議員の名前を告げると本人に連絡を取り、ＯＫが出ると、セキュリティー担当者が、まず写真を撮り、ものの2~3分で、当日の身分証明のカードができてきます。その横には、何百人ものコートが掛けられるだけのコート掛けがU字形に何列も並んでおり、ベンチもあり、いわば待合室兼コートルームです。コートを掛けて、貴重品以外の荷物もそこに置いて、座って待ちます。しばらくすると、貴族院議員本人が迎えに来ます。迎えに来るのは本人でなければいけません。そして、セキュリティーの担当者に議員が合図して、ようやく中に入ることができます。大抵の場合は、テームズ川の見えるレストランか、中側にあるティールームで会います。他の貴族院議員で友人でもあるデービッド・ハウエル卿も、バロネス(女性男爵)・ニコルソンも、サー・ジョン・テイラーも、そのどちらかに予約をしてくれていますので、ゆっくりとランチやティーを味わいながら、さまざまな意見交換をします。これが、「ちょっと一手間」であり、ハーバードの時のように、教授室に行って、ドアをノックして入るのとは、わけが違いました。

シャーリー・ウィリアムズは英国において、サッチャー首相と人気を二分するくらいに高く評価された女性議員だったのです。サッチャー首相は保守党、ウィリアムズ議員は労働党で科学大臣として来日の経験もありましたが、理想を追求する姿勢を強め、労働党から離脱して自由民主党を結党した主要なメンバーの一人でした。

国会のない時に、ハーバード大学で客員教授として講義するという議員生活は、日本では考えられないことでした。その姿を見て、私も日本の新しい国会議員像に挑戦してみたいという思いになりました。シャーリー・ウィリアムズの影響で、衆議院議員になってすぐの時、多摩大学で週1回講義をしたら、学生たちが「本物の国会議員ですか？」と目をキラキラ輝かせるのです。ですから、毎回講義の最後の10分だけは、講義の内容ではなく、学生たちが国会について、議員について、疑問に思っている質問を受けるようにしました。

口々に、「先生、応援していますから」、「是非、日本のために僕たちが応援できるような国会議員として活躍してください」。そういう学生たちの言葉に励まされて、私は、国会議員在職時にも、そうでない時にも、古巣の北大の大学院で11年間にわたって「国際交渉戦略論」を集中講義しました。本当に人の2倍の仕事をしたと自負していますし、若い学生たちが国会議員の新たなモデルとして、真のステーツマンシップを目指してほしいと願ったからです。しかし残念なことに、英国と違って日本ではそういう国会議員像は評価されないことを身にしみて感じ、がっかりしました。

１９９８年、北朝鮮がテポドン・ミサイルを発射し、日本を越えて太平洋に落下する事件が起きました。その時の衆議院外務委員会でのことです。当時、北朝鮮へ毎年50万トンも60万トンもの米を何の条件もなしで支援していたので、５年間に限って無償で支援する代わり、①核の問題、②ミサイルの問題、③拉致の問題、そして④１８０６人の日本人妻の問題を解決することを条件とする。また、東北・北海道の農業指導員を５００人単位で5年間投入し、土壌の改良、灌漑用水、植え付け、手入れ、収穫までを学び、自国で効率的な農業生産できるようにすることを提案したいと考えて、質問しました。すると、何人も同僚が、これは正論だと言ってくれました。ところが、後で「ちょっと見はかわいいけれど、実は生意気！　は落選させられる」と忠告を受けました。どうやら、この提案で既得権益を侵される重鎮の議員たちがいたらしいとは、後になって知ったことでした。

シャーリー・ウィリアムズに話を戻しましょう。私が衆議院議員になって初訪英した時に、彼女が最初に口にしたのは「あなたは、日本に真の民主主義を根付かせるために国会議員になったのね？」という一言でした。日本はまだ、真の民主主義国家と評されていないのだということをつくづく感じさせられました。そして、「アキコ、ちょっと時間をくださらない？」と言ってタクシーに乗り込みました。英国では、貴族院議員に車は付きませんし、歳費もありません。本当に国民と国家のために奉仕する精神です。

タクシーが到着したのは、米国大使館前の広場でした。何百人もの人が集まり、米国大使館に向かって抗議をしているのです。私はちょっと驚きました。この集会は何だろう？　彼女は私を引っ張って真ん中の台に立ちました。割れんばかりの拍手でした。彼女の人気があることはわかりましたが、私まで注目されて、内心困ったなと思いました。しかし、彼女が私を窮地に陥れるはずはありませんし、英国と米国の関係は特別良いのですから、まず、彼女が何を話すのか、私を何と紹介するのかを聞いてから、日本の国会議員という立場を踏まえて、私なりに必要なことをきちんと言おうと腹をくくって、ニコニコしていました。

すると、実は、米国が国連のＵＮＩＣＥＦ（国際連合児童基金）への支払いを滞納していることについて、支払うよう要請する集まりでした。UNICEFは子供の人道にかかわることでもあり、筋は通っています。彼女は、自分の意見を述べると「米国の友人の皆さん、今ここに米国の友人で、英国の友人でもある日本の国会議員のAKIKO YAMANAKAがいます」と言って、私にマイクをどんと手渡してきたのです。びっくりしました。

でも、私は手短に「ご存じのように世界の子供にかかわる非常に大事な国連機関ですので、どうぞ、世界一の経済大国である米国は支援金を支払ってほしいと思います。そのうえで、改善する点があるのならば、どうぞどんどん改善してください。日本は、戦後の焼け野原から国土復興の苦しい時も、国連への支援金は一度も滞らず支払っていることを申し添えます。では、私の友人の貴族院議員シャーリー・ウィリアムズにマイクを返します」と述べて、マイクを彼女に渡しました。すると私の背中をドンドンと2回たたいて、「ウェル・ダン！」と言ってにっこりしていました。茶目っ気のあるチャーミングな女性です。

彼女は、1930年にロンドンで、著名な政治学及び哲学者の父と、フェミニストで平和主義者でこれまた著名な作家の母の間に生まれました。そして、第二次世界大戦中は米国で過ごして、サッチャー首相と同じオックスフォードのサマービルカレッジで学びました。この点も2人がいつも比較される要素でした。その後、米国コロンビア大学で修士号を取得します。専攻は、哲学、政治、経済でした。

卒業後、彼女はジャーナリストとしてキャリアをスタートしました。英国の一流紙といわれるデイリー・ミラーとフィナンシャル・タイムズで活躍し、庶民院議員になりました。ウィルソン政権で、教育・科学大臣などを歴任した後、労働党を離れ、民主社会党を結成しました。その後、自由民主党の設立の立役者となります。その間、哲学者のウィリアムズと結婚し、離婚しました。

しかし、名字は通称のウィリアムズを使い続けました。また、養子にした女児を彼女が引き取って育て、現在、弁護士になっています。その後、ハーバード大学の教授と再婚し、1988年から2001年まで、ハーバード大学のケネディスクール・オヴ・ガバメント（ケネディ行政学院）で客員教授を務め、ヨーロッパについての講義を担当しました。そして、1993年には生涯貴族院議員として、バロネスの称号も得ます。

さて、私は国会議員を辞してすぐ、ケンブリッジ大学チャーチルカレッジから招聘を受けました。ある時、ロンドンの政治学院において、もう80歳を超えたシャーリー・ウィリアムズ議員がスピーチをするという知らせを受けて、私は真ん中の少し後ろの席に静かに座っておりました。すると登壇中に私を見つけたらしく、いつものように歯切れの良い論理的な考えを述べている講演の途中で、「この会場には、私の親しい日本人の友人のアキコ・ヤマナカ教授がいます。彼女は俯瞰的に国際社会を見ることができる人なので、今の私の意見について、コメントを聞きましょう」と言って、にっこりほほえんだのです。もちろん、私は私なりに、いつものようにまず彼女を立てて、それから私自身の意見を堂々と述べると、大きな拍手が湧きました。終わってから、久しぶりでとても楽しい語らいをし、良い思い出となりました。

シャーリー・ウィリアムズとは、私は大学人として、そして国会議員として接しましたが、強い使命感と熱意を持って、民主主義の理想を体現しようと努力し続けた、個性的で独創的な貴族院議員の友人でした。日本でも、こういうレベルの女性国会議員を選出できれば、女性の政治への関心がさらに高まることでしょう。

8　国際社会や地域社会の発展と安定のために尽力した女性③

アンナ・リンド外務大臣（スウェーデン）

彼女が殺害されたことは、本当にショックでした。明るく、しかも大臣としても公私混同をしないという凛とした態度は、私にとっては得がたい仲間でした。スウェーデンでは、誰に聞いても、とても信頼され、将来を嘱望されており、チャーミングでおおらかな人柄でした。国会議員とはどうあるべきかを体現していた人なので、彼女の損失は、スウェーデンのみならず、欧州をはじめ、国際社会でも大きなショックでした。私も国会議員として一緒に仕事ができる仲間を得たと思ったのに、残念でなりません。

アンナ・リンドとは、メルケル首相が環境大臣であった1998年に、スウェーデンの環境大臣として、デンマークのオーフスでお会いしました。その時、英国のミーチャー環境大臣とデンマークのアウケン環境大臣が、これから欧州で活躍する女性政治家として育てたいと語った一人です。とても小柄で、人懐っこい性格のアンナは、誰とでも仲良くなれる人柄なので、私たちは意気投合して、「いつか一緒に環境や平和構築の仕事をしましょうね」と約束したものです。

彼女は、1957年にスウェーデンのストックホルムの郊外で生まれ、ウプサラ大学で学びました。公私混同しない姿勢はスウェーデン国民に高く評価され、1994年から1998年まで環境大臣、そして引き続き1998年から外務大臣を務めました。彼女は、週末に旅行する時には、プライベートな移動だからとSPを付けず、リュックを背負って、子供たちの手を引いて、普通の列車に乗って出かけました。あちらこちらで、彼女を見かけた人々は多いことでしょう。国会での外務大臣としての論理的な説明や、諸外国の外務大臣とも対等以上に交渉のできる女性と、家族の一員としての側面とを持ち合わせた質の高い国会議員として、将来の首相として嘱望されていました。

ところが、残念なことにその公私混同しない姿勢が悲劇を生みます。2003年、外務大臣の時、友人へのプレゼントを購入するため、これはプライベートな行動なのでSPを付けず、一人でデパートへ行きました。そして、そこでナイフを持った男に刺され、病院に運ばれたものの、亡くなってしまったのです。当初、ユーロ通貨統合に関する国民投票の直前であったために、ユーロ導入の賛成派であったリンドに対する暗殺かと思われましたが、犯人は精神を病んでいたため、政治的意図はなく、また、リンド本人に対する恨みもなかったということで、単なる殺人事件になりました。ちなみに、スウェーデンは、英国などとともに、ユーロ通貨統合は国民投票で否決されました。

さて、2005年になって、ようやく国連に平和構築委員会が設置されることになりました。当初、外務省の担当者の説明では、手を挙げている10ヶ国中5ヶ国が選出されるので、他の国に比して多額の寄付をしている日本は、委員になるうえで心配ないとの説明でした。ところが、私がCOP13出席のためにモントリオールに赴くことになっていましたが、その数日前になって、国連の選考基準が変わり、「寄付額の大きさだけでは委員への勘案はしない。どういう貢献をしてきたかも重要な要素である」ということになり、しかも、手を挙げているのが15ヶ国に増えたので、大丈夫と必ずしも言い切れない状態になったとの報告を受けます。

そこで、乗り継ぎの場所をニューヨークへ変更し、国連で、担当者と会って、日本が委員になれるように交渉することになりました。では、誰と交渉するかということで、日本大使館は担当者のデンマークとタンザニアの国連大使でどうかと言ってきました。私は、その2人を抜かすと後で面倒になる可能性があるので、まず2人に会うが、最終的には責任者である議長に会えるよう設定してほしいと指示しました。

調べてみると、デンマークは国連に平和構築委員会を設置するように活動していましたし、タンザニアも同様でした。議長は、スウェーデンの元外務大臣でスウェーデンの国連大使として平和構築委員会設置の責任者でした。そこで、外務大臣政務官として交渉するには、日本が金銭的な貢献だけでなく、国際世論へも訴えてきたことを示す必要があると考えたのです。外務省に、日本が平和構築委員会設置のために貢献した資料を求めましたが、実際には提示できるような内容の英語の資料はありませんでした。そこで私は、２００２年にヘラルド・トリビューン紙に掲載された私自身の平和構築に対する考えを書いた記事と、故竹村健一先生の月刊誌「世相」に書いたアンナ・リンドとのエピソードのコピーを用意しました。これは日本語ですが、彼女との写真が掲載されていたので、スウェーデンの外務大臣経験者であれば、必ずわかるはずと考えたのです。

議長のヤン・エリアソンは国連副事務総長でナンバー2でしたが、バイキングの子孫かと思えるような大柄の、しかし、スマートな紳士でした。彼は、多くの国がこの国連平和構築委員会設置のために貢献しているので、日本は多額の金銭的貢献をしているだけでは、委員にするという約束はできないと、しっかりと筋を曲げずに主張しました。その説明は一貫していて論理立てできているので、この人なら、それを踏まえて説明をすれば、納得してくれるだろうとほっとしました。時には、全くそういう筋の通った話の通じない偉い人もいますので。

まず、私自身が書いたヘラルド・トリビューン紙の記事を見せると、中身をしっかり読んで、「この主張は、全面的に賛成だ。どうして、日本は国連の場でこのような主張をしないのか？」と同行している外務省や国連大使の方を向いて、「こういう考えで、国際的にもきちんと記事として訴えているのだから、日本の貢献は、金銭だけでないと理解できる。しかも、日付を見ると、デンマークの記事より早い。デンマークが国際的に最初に提案したと思って、デンマークを担当者に選んだのに……」と語りました。

さらに、私は、外務省内に平和構築人材育成検討会を設置し、希望した若手の外務省官僚の半年にわたる勉強会をまとめ、広島平和構築人材育成センターを設置したことも伝えました。するとニコニコしながらその話を聞いたエリアソン副事務総長は「日本は委員になる資格がある」と言ったのです。その様子を見て、大島賢三大使以下、ずらりと並んだ国連代表部の面々は、笑顔になり、ほっとした様子でした。これで、日本は委員になれると確信しましたし、大事な交渉は一段落しました。

私は、「アンナ・リンドを知っていますか?」と、日本語でしたが写真付きの記事のコピーを見せました。すると、副事務総長は急に涙目になって、「彼女は私の直属の上司でした。あんなに有能で、しかも良識をわきまえた議員はいません。将来は、スウェーデン初の女性首相になるべき人でした。あなたは、彼女を知っているのですね!」と言うではありませんか。私は交渉の時には、きちんと英語の新聞記事を活用しましたが、個人的な信頼関係を築くには、アンナ・リンドが道をつくってくれたのです。日本が委員になれそうな雰囲気になったので、日本の大使たちはお礼を言って立ち上がりかけていましたが、私は、交渉の最後には確認が肝要なので、エリアソン副事務総長に「日本を委員に入れることを決めるためには、どのような方法をとられるのですか?」と尋ねました。すると、彼は一瞬押し黙り、私の顔を見て、いきなり「ここに任せてくれませんか?」と左腕で、自分の右腕をドンとたたいてみせたのです。

「あら、この紳士がそんなことをして」と思いましたが、私のことを信用してくれた証左と思ったので、私も一瞬黙って彼の顔を見て、「わかりました。あなたを信じます！」と言って右手をさっと出しました。すかさず、彼は両手で私の手を握って、ぐっと力を入れました。紳士である日本の大使や外務省の方々は呆気《あっけ》にとられていました。

ドアのところまで送りに来てくれたヤン・エリアソン国連副事務総長とは、アンナ・リンドがつないでくれた縁です。その後も手紙のやり取りが続きました。もちろん、日本は国連平和構築委員会の初代委員の５ヶ国の一つになりました。

アンナ・リンド外務大臣と著者

9　国際社会や地域社会の発展と安定のために尽力した女性④

エマ・ニコルソン貴族院議員（英国）

彼女とは、オックスフォード大学に1年間、上席客員研究員として滞在していた時にお会いしました。最初はちょっとクールな貴族院議員で、英国の上流階級のチャリティをしている方という印象でした。背が高く、姿勢が良く、とてもしっかりしていらして、自分が正しい、そしてしなければならないと思ったことは、誰が何と言おうと止められない強い意志の持ち主として、英国の議員や官僚の間では有名でした。米国の空爆が続くイラク戦争の最中に、イランとイラクの間の湿地帯に住む女性や子供の健康と教育のために、何度も足を運んで支援していました。その時私は、日本政府がイラクへの渡航を禁止しているので、同行するのを諦めて、後にイラン側から訪問しました。私には、彼女のような勇気はなかったのです。その後、イラク復興支援の国際会議に来てくれた時は、日本の桜の花に触れて喜び、日本食を楽しみ、日本人形を持ち帰り、ロンドンのご自宅に飾ってありました。その後も、貴族院議員として、地道にバルカン半島での紛争や衝突で苦しんでいる人たちのために走り回っています。英国のチャリティの伝統をしっかり守っている貴族のお手本のような方です。

バロネス（女性男爵）・ニコルソンは、現在、アゼルバイジャン、カザフスタン、イラク、トルクメニスタンへの首相特使をしている貴族院議員です。

２００４年、エマ・ニコルソンとの出会いは、私がオックスフォード大学セント・アントニーズ・カレッジで上席客員研究員をしていた時のことでした。実は、この時のセント・アントニーズ・カレッジの学長は、マラック・グールディング元英国国連大使でした。私が国連大学の客員教授で国際平和構築論を展開していた時のシンポジウムの折には、なかなか現実的な提案をしてくれました。それがきっかけで、オックスフォード大学にいる、中東アフリカも含め、世界各国からの専門家や世界各国のことを研究している専門家との人脈を広げて、国際的な活動をするようにと招聘されることになったのです。

そこで、オックスフォード大学のボドリアン図書館の運営にも携わり、さらに、イランとイラクの間にある湿原地帯に住む人々の健康と教育の慈善団体を主宰している貴族院議員のバロネス・ニコルソンを是非紹介したいというので、初めてお会いしました。彼女は、夫で早世したケイン氏の遺志を継ぎ、毎年、優れたアフリカ文学に与えられる「ケイン賞」を論文審査の上、優秀な学生に授与していました。この図書館は歴史的な建築物で、特に天井が美しいアーチを描き、いつまでも上を向いていたいと思うような見事な建物です。論文の選考をし、賞を授ける彼女が、まさか聴覚障害で、ほとんど聞こえていないとは、後々、その事実を聞くまで想像だにしていませんでした。

彼女は、私が平和構築に携わってきたことに対して、強い興味を示しました。彼女は、自分が設立したAMARというチャリティ団体に誇りを持っており、私をオックスフォードにあるその事務所に招いて、これまでの由来や活動について説明してくれました。この慈善団体は、イランとイラクの間にある湿地帯に住んでいる人々、特に女性と子供のための健康と教育を支援する団体です。

日本では混同する人も多いですが、ペルシャ人の国イランとアラブ人の国イラクは文化も風習も伝統も異なります。その間で暮らしている人々は、どちらとも仲良くしなければなりません。エマ・ニコルソンはイラク戦争の間も、英国外務省が止めても、彼らの命にかかわる事態は見過ごせないと、両方の国を訪れて、慈善活動を遂行していたので、英国外務省及び英国貴族院ではよく知られた人物です。

女性と子供の健康と教育は、平和構築の分野でも大事なので、何度も会って意見交換しているうちに、彼女は私に一緒にイラクとイランの間の湿原地帯を訪れようと誘ってくれました。しかし、2003年から米国が引き起こしたイラク戦争では、日本も自衛隊をサマーワに派遣するに至り、日本人はイラクへ渡航禁止となりました。前国会議員としてそれを破ることはできません。そこで、イラン側から訪ねることになりました。サマーワから90キロの所にある国境地帯のイラン側のイラク人の難民キャンプは、水も電気もあり、また診療医院には、きちんとカルテがそろい、イランとイラク双方の医療従事者が協力して対応していました。これを可能にしたのは、英国の慈善団体であるＡＭＡＲの貢献であり、ひいてはエマ・ニコルソンの貢献なのです。そして、ＩＳ（イスラム国）が組織され、さまざまな国や民族を攻撃した時には、クルド人の中のヤズディ教徒などの犠牲者たちの救済に奔走しました。

彼女は１９４１年にオックスフォードで生まれましたが、その時は父親も母方の親も「ＳＩＲ」の称号を持っていたので、彼女は必然的に「ＬＡＤＹ」の称号でした。父方もビジネスマンでありながら、庶民院議員を務め、政治と無関係ではありませんでした。また、従姉妹《いとこ》はＭＩ５（英国機密諜報《ちょうほう》部）の長官を務めたり、一族はいわば有名人で、英国のために貢献した人々でした。そして、16歳で聴覚障害とわかるまで、王立音楽学校に通っていましたが、その後、ＮＧＯの「Save the Children」で働き、その後はコンピューターのプログラマーとして仕事をしていました。そして、１９８７年に出版経営者であったサー・マイケル・ケインと結婚します。

そして、１９９１年にサダム・フセインから迫害を受けていた湿原地帯の人々の健康と教育を支援するためのＡＭＡＲを設立しました。しかし、１９９９年に夫が他界したので、縁のあるオックスフォード大学にアフリカ文学に関する「ケイン賞」を設立します。その結婚の間に、イラク人でナパーム弾攻撃から救助された少年ＡＭＡＲを養子として迎えました。そのＡＭＡＲという名前にちなんで、イラクとイランの間の湿地帯に住む人々、特に女性と子供の病気・

健康と教育のための慈善団体を設立したのです。この団体は、その後も紛争や戦争で傷ついた人々のために、専門家とボランティアを募って、活動を活発化させています。

２００５年にイラク戦争が一応収束すると、イラク人のための活動に力を入れました。ちょうど、日本でもイラクの復興支援が始まり、イラク人の柔道選手を招聘して練習の機会を提供したり、いろいろな人道支援を行っていました。そこで、私はエマ・ニコルソンを招いて、日本のイラク議員連盟の議員の方々をはじめ、多くの関係者に、彼女のＡＭＡＲの活動について国連大学で講演してもらいました。彼女は、この時初めて、日本の地を訪れたのですが、日本の文化に触れて、非常に日本が好きになってくれました。桜の咲く時期でしたので、桜と日本人形が気に入ったようで、後々、ロンドンの彼女の家を訪ねた時には、日本人形が大事に飾られていました。

バロネス・ニコルソンは、政治家としては、最初は保守党の庶民院議員でしたが、やがて、自由民主党に移籍しました。１９９７年に貴族院議員となり、また２００９年にはＥＵ議会の議員になりました。そして、２０１７年に保守党に入党。自分の居場所を探すのに、時間がかかったようです。

その後、ますます不安定な国際状況になってきているので、バロネス・ニコルソンは中央アジア、中東、アフリカの復興への経済活動、ビジネス活動も含め、忙しい毎日を送っています。

たまたま、私もケンブリッジ大学のチャーチルカレッジでの客員教授の後、ケンブリッジ大学の中央アジアフォーラムの上級フェローとして、コロナ禍前の2019年まで、特別講義をしていたので、やはり国際社会が安定し、人々が安寧に暮らせる国づくりを支援するという意味で、共通するところが多いのはうれしいことです。

エマ・ニコルソン貴族院議員と著者

改革力を発揮した女性

既成の制度や政策を変更するのは、大変な強い意志の力と、それを遂行するための仲間の存在が不可欠です。特に、少数派の女性や子供たちのための政策は、国政のトップがその決意をしなければ、実現するのは大変に難しいのです。他方、トップになれば実現の可能性は高くなりますが、各省庁の抵抗や、既得権のある団体や人々の反対にはすさまじいものがあります。そこで重要なのが、国民、すなわち投票権があり納税する人々の共感を得られるかどうかで、成否

グロ・ハーレム・ブルントラント首相と著者

を左右するかもしれません。その改革を成し得たということは、そのような要件をひとつずつクリアできたことの証左です。

10　改革力を発揮した女性①

グロ・ハーレム・ブルントラント首相（ノルウェー）

私がお会いしたのは、国連のＷＨＯ（世界保健機関）のトップの時でした。彼女は自信家で、国連のさまざまなトップは事務総長のアポイントで決まるケースが多いのですが、ＷＨＯのトップである自分は選挙で選出されたと言われました。例えば、緒方貞子さんの難民高等弁務官も事務総長のアポイントです。

候補者を出す国のロビー活動は激しいのです。ブルントラント首相はＷＨＯのトップに投票で選出されたことを大変誇りに思っていました。でも、国連では選挙であっても候補者を出している国同士がしのぎを削るような選挙活動を行っていることを私は知っているので、最初はちょっと苦手なタイプかなと思ったのです。しかし、話してみると、彼女は彼女なりの苦労をしてここまで来たことを知って、改めて、女性が国のトップに立つ場合に家族との関係の難しさは他人ごとではない気がしました。特に、三男が自殺されて、労働党の党首を退き、その後首相の座を辞して、政界を引退しました。しかし、その数年後、国連WHOのトップになり、その時にお会いしました。自信ありげな言動の中に、時折寂しい目をしていたのは、そういうことだったのかと思い、人間らしい温かさを感じたものです。

２００1年から5年間、私は国連大学客員教授として、平和構築及び、東北、北海道、沖縄など東京にある国連大学の恩恵を得られない大学に、単位取得のできる特別コースの集中講義「国連大学グローバルセミナー」を設定し、文科省、国連、外務省など関連機関の協力を得ました。また、ニューヨークの国連本部でのＣＳＷ（国連女性の地位委員会）の諸活動とも連携して活動をしていました。

そのような折に、ノルウェーのブルントラント国連WHO事務局長とお会いする機会がありました。肝っ玉母さんという風情で、安定して明るく見えました。そして最初に「ＷＨＯの初めての女性事務局長になりましたが、実は、このポジションは、難民高等弁務官などと違って、国連事務総長の指名ではなく、選挙で選出されるので、女性や子供の医療や健康のために、女性が選ばれることに大きな意味があると思っています」と言っておられたのが、印象的でした。その意味では、小児科医であり、ノルウェーの首相経験者である彼女が選出されたのは自然の成り行きですし、また、彼女が自信家であるのは当たり前かもしれません。

ブルントラント首相はノルウェーで初めての女性宰相です。実は、１９７4年に自由党が女性閣僚の割合は40％以上と決めました。法案は１９７8年成立しました。しかし8年間実行されませんでした。１９８６年にブルントラント首相が返り咲きを果たして、女性閣僚登用を44%にしました。１９８８年には正式にクオータ制度を制定しました。「公的機関が４名以上の構成員を置く委員会、執行会議、審議会、評議会などの任命・選出の時に、それぞれの性の構成員の40%以上を選出させなければならない」として、男女平等法案が改定されました。こうしてノルウェーはクオータ制度発祥の国となり、彼女は女性の地位向上に大きな功績を残しました。女性が首相になったら、女性を閣僚に登用するまたとないチャンス。彼女に会ってみて、女性知事なら女性副知事を、女性市長なら女性副市長を登用することを心掛けている女性リーダーがいることが大きな一歩であることを改めて思い知らされました。

また、彼女は、「19世紀はヨーロッパの時代、20世紀はアメリカの時代、そして、21世紀はアジアの時代です。ですから、アジア行きのバスに乗り遅れることのないようにしましょう」と言って、アジアに対する注目度を一気に高めたことでも、長期的展望を持った政治家であることがわかります。

「女性の地位向上のためには、女性を登用することが極めて大事ですが、女性がその任を果たせるような実力を身に付けなければなりません。そして、男性の意識の変革が大事です。なぜなら、できる女性を敵視して遠ざけようという傾向があるからです」。ブルントラント首相のこの言葉を、とても印象深く聞きました。まさに言い得て妙です。日本では特に、男性の幹部に引き立てられる従順な女性でなければ、女性が登用されるのが難しいのは事実です。

しかし、彼女の人生は決して一本道ではありませんでした。オスロ大学を卒業後、ハーバード大学へ留学します。医師でありながら労働党員として活動して、1974年に環境大臣として登用されました。その後、1977年に国会議員に当選し、1981年に首相に就任しました。その後、保守党に敗れ、首相を退任し、国連で「環境と開発に関する世界委員会」の委員長を務め、「地球の未来を守るためには、将来世代のニーズを損なうことなく現在の世代を満たすこと」という、いわゆる持続可能な開発の概念を打ち出したのも、ブルントラント委員長でした。

そして、1986年に総選挙で勝利し、首相に返り咲き、第二次ブルントラント政権が発足しました。多くの国では、自国の政治家が国連やその他の国際機関で活躍するように、国を挙げて働きかけます。しかし、日本では、国連に送り込む官僚などの人材と、国内の国会議員とを区別することが、伝統的に、また習慣的に踏襲されてきました。

その後、総選挙での敗北、そしてその次の総選挙の勝利で政権に復活して、1990年に第三次ブルントラント政権が発足しました。実は、1992年の日本訪問まで、ノルウェーの首相が日本を訪問したことがなかったのです。その後、1998年にWHOの事務局長に就任して、「タバコは人殺しである」との過激な持論を展開し、「タバコの規制に関する世界保健機関枠組条約」を策定して締約を進めました。ですから、私が最初に会った時の、肝っ玉母さん的な泰然自若とした肝の据わり方は、彼女が人生で得た力強さだったと納得しました。

11　改革力を発揮した女性②

ダイアン・ゴールドマン・バーマン・ファインスタイン上院議員（米国）

彼女は、米国の国会議員のイメージをガラッと変えた素敵な米国女性の典型です。英国では選挙は供託金が約9万円で、ポスターも選挙宣伝カーもありませんので、選挙に高額な費用は掛かりません。これに比べれば、日本の衆議院選挙の供託金は300万円です。しかし、米国は全く異なった選挙制度であって、お金を集めることが非常に大事で、資金集めに成功した人が票も集めるといわれています。ですから、彼女は上院議員であり続けていますが、それは、大金持ちの夫が資金提供しているからだといわれています。その意味で、高価な洋服におしゃれなアクセサリーを身に付け、白髪の巻き髪のいかにも成功者というイメージの女性です。おっとりした話し方なので、こちらもゆったりとしたペースで会話が進みます。実は、私が興味を持ったのは、彼女がサンフランシスコの市長の頃に、託児所を職場や駅に近い場所につくったことです。働く母親の気持ちを十分に配慮した政策でした。いつお会いしてもおしゃれな服を着て、豊かな生活が透けて見えるような、素敵で親切な、まさに憧れの米国女性なのです。

私は、札幌で、子育てしながら仕事をすることがいかに、労力面でも、金銭面でも負担が大きいかを身にしみて感じていたので、福祉が行き届いている北欧のスウェーデンやデンマーク、フィンランドなどにおける子供の環境を調査研究しました。その時に、いったい米国はどうなっているのだろうかと疑問に思い、米国の現状も調べてみました。当時は、外国人のベビーシッターを頼んで仕事をしている人がほとんどで、閣僚クラスでも、ベビーシッターが不法移民であったり、就労ビザがなかったりで、大きな問題として取り上げられていました。その中で、画期的な試みをしていたのがサンフランシスコ市でした。

市長のダイアン・ファインスタインが職場の近くや駅の近くに保育所を設ける政策を打ち出したのです。サンフランシスコは米国西海岸にあり、その風光明媚《めいび》さで一大観光スポットでもありますし、リベラルで先進的な土地柄もあり、働く女性も多かったと推察されます。そして、この政策は、女性の市長だからこそ実現できたと、もっぱらの評判でした。では、ダイアン・ファインスタインとはどのような女性なのでしょうか。とても興味があったので、いろいろ調べてみました。

彼女は、1933年に、有名な外科医であるポーランド系ユダヤ人の父と、モデルをしていたロシア系ユダヤ人の母の間にサンフランシスコで生まれました。彼女はローマ・カトリック系の高校からスタンフォード大学に進学し、歴史学を専攻したのです。卒業後、地元の検事局に就職し、同僚だったバーマンと結婚、一女をもうけましたが、3年後に離婚しました。

シングルマザーとして頑張って、市政委員長に登用されました。1978年に、市長が殺害され、市の規定により市政委員長が市長代理に就任しましたが、間もなく、市政委員の投票により正式に市長に就任しました。サンフランシスコでは、初めての女性市長でした。まだ市長だった1990年に上院議員の選挙に打って出ましたが、共和党の上院議員に敗れました。しかし1992年に民主党の上院議員として当選を果たします。カリフォルニア州では初めての女性上院議員で、ユダヤ人としても同僚のバーバラ・ボクサー上院議員と2人だけでした。

ですから、私がハーバード大学に留学していた1995年には、サンフランシスコ市長ではなく、すでに米国議会の上院議員でした。彼女は、上院の立派な執務室に招き入れてくれ、なぜ市長として、職場の近くや駅の近くに託児所を設けたかを、にこやかにゆったりとした口調で話してくれました。もちろん、働く母親が託児のために別の場所へ行く時間と労力を削減するためです。

ファインスタイン上院議員は、絵を描くのが趣味で、自分で花の絵をマグカップに描いて、どれが好きかと聞いて、丁寧に箱に入れて私にプレゼントしてくれました。優しい、大人の上院議員のお手本です。

その時に、彼女が右腕と紹介したのが、中国系の米国人のラッセル・ロウでした。まさか、後に、彼が中国の情報機関の工作員であったことが暴露されるとは思ってもみなかったので、本当にびっくりしました。彼女のような経験豊富な人でも、だまされるのかと驚いたものです。

日本も危機管理、情報・諜報の入手や分析、漏洩《ろうえい》を防ぐ方法などを確立すべきと考え始めたことの原点でもありました。経済安全保障は非常に大事ですが、すでに共同研究や専門家の往来など、原子力、科学、工学、医学などの分野で海外から高額で招聘された学者が結構な人数に上っています。今、日本にどれだけの人材が残っているのか私は大いに危惧しています。

上院議員としても、数々の「女性初」を実践しました。例えば、議事規則議院運営委員会委員長や情報特別委員会委員長など初の女性委員長を務め、さらに２００９年のオバマ大統領の就任式では、両院合同委員長として司会進行役も務めました。これも女性として初めての役割でした。

さて、現在88歳で、健在で活躍しているファインスタイン議員ですが、ラッセル・ロウの件と、もう一つ、再婚した相手が彼女の地位を利用して、不正に利益を得た疑惑が問題になったのは、本当に残念でした。せっかくの彼女の輝かしい人生の汚点となりました。

人権や民主主義のために強固な意志力を発揮する女性

ここで紹介するのは、いわゆる民主主義の基本である法の下の平等、基本的人権、自由、公正が守られる法治国家としての米国を体現するような方々です。すなわち、この原則に従って、リンカーンの「人民の、人民のための、人民による政治」を実現するために、何者にでも対峙していく強い意志の持ち主です。しかし、それぞれ個性が強く、全く別なパターンでその意志を表現しています。米国では、公に強さを強調することで女性でも男性に負けない能力と腕力があることを証明する傾向があります。他方、欧州においては、強さを前面に出さずに、静かに、しかし論理的に、理性的に自分の信念を国民に問いかけ同意と支持を得ながら、思う方向に政策を訴え、変えていくタイプのリーダーが多いように感じます。日本は、どのような女性リーダーがふさわしいのか？　という疑問に答えるには、男性の意識が変化しなければ難しいので、まだまだ時間が掛かりそうです。

12　人権や民主主義のために強固な意志力を発揮する女性①

ナンシー・パトリシア・ペロシ下院議長（米国）

彼女は下院議長として大統領の後ろに座っている時や、他国を公式訪問する時は、とてもおしゃれで、さまざまな色のスーツをバシッと着こなし、さらに、ネックレスやイヤリング、あるいはマスクの色にも気を使うおしゃれさんです。しかし、実際にお会いすると、口数が少なく、着ている洋服もベージュのような、あまり印象に残らない色なので、舞台衣装と普段の会議では、効果を考えて異なったテイストの装いをするのかなと感じました。中国天安門広場での横断幕事件も、２０２２年の台湾訪問も、中国の人権問題に対する厳しい姿勢を示す強い信念と実行力の証左です。これができる人物をほかに考えると、男性でも女性でも、まれな存在感です。つつましやかで静かな語り口の彼女と、ニュースやテレビで見る華やかで強いリーダーの彼女、その両面を上手に生かしているからこそ、80歳を超える今でも民主党の中で揺るがない地位を築き活動できるのでしょう。

ナンシー・ペロシ下院議長は、ある意味で、女性の政治家のお手本的存在であり、また、男性議員にとっても、対立せずに協力できる人柄の持ち主です。下院の民主党院内総務や下院議長を長く務めているので、大統領の演説の時には、必ずすぐ後ろにいて目立ちます。しかも演説に合わせて拍手をしたり、ノーという表情をしたりで、とても品が良く、最近はマスクもおしゃれな柄や色なので、特に目立っている、その女性がナンシー・ペロシです。

ナンシー・ペロシ下院議長は、1940年にメリーランド州ボルチモアで生まれました。父親は、メリーランド州選出の下院議員で、ボルチモアの市長も務めました。彼女は、カトリックのノートルダム女子中・高から、トリニティ・カレッジで政治学を学びました。父親の影響もあり、幼い時から政治に興味を持っていました。大学時代に、ポール・ペロシ氏と出会い、結婚してカリフォルニアに移住。彼はビジネスで成功して、相当な資産家であるといわれています。そこでは、彼女は4人の娘と1人息子の5人を育てながら、民主党の研究員となり、民主党に勤めてもいました。

そして、1976年に、カリフォルニアの民主党全国委員会委員に選出され、1996年まで、その立場にいました。その間、1987年にサンフランシスコ地区から下院議員に立候補し、当選しました。その時、彼女は47歳でしたので、「子育てを終えてから政界に進出」と形容されました。5人の子供を育てて政界に進出というモデルは、女性にとっても男性にとっても、ある意味、最強の存在です。

2002年には、民主党の女性初の院内総務となりました。2007年には、イタリア系としても女性としても初めての下院議長に選出されます。2008年の大統領選挙の時には、民主党の大統領候補として、ヒラリー・クリントンではなく、バラク・オバマを強く推しました。

そして、ブッシュ政権の末期には、オバマと共に共和党攻撃の急先鋒《きゅうせんぽう》として活躍し、オバマ大統領誕生の原動力といわれました。しかし、2010年の中間選挙で民主党が大敗し、議長の座は共和党になりましたが、彼女は、引き続き民主党の院内総務を務めました。

2005年に最初に私が会った時には、民主党の院内総務を務めていました。オフレコで率直な意見交換をする日米議員会議というのが、毎年米国と日本で開かれており、その会議で出会いました。彼女は慎重な物言いをし、どちらかというとにぎやかな明るい米国人と異なり落ち着いた雰囲気を醸し出していました。そして、ベージュのパンツスーツにネックレスを着けて、おしゃれで、服装にも髪形にも気を使っているのが、よくわかりました。ペロシ院内総務は、常に冷静で、全体を見ている人ですが、いざとなると自説を曲げない強さがあります。心情的にはリベラルで、中絶や同性婚も認めています。また、イラク戦争容認決議案にはただ一人、反対票を投じています。人権問題には特に厳しく、天安門広場事件やチベット族への迫害に関して、中国を厳しく批判していました。中国寄りが多い民主党の中では、反共産主義の最右翼と言えると思います。

2度目にお会いした時は、彼女は下院議長になっていたので、そう長い時間を確保できませんでしたが、親日家なので時間を割いて出席してくれました。彼女は2008年に、G7の下院議長会議出席のために来日した折に、広島の平和記念公園の原爆死没者慰霊碑に献花しましたが、当時の現職の米要人としては、最高位に当たります。さらに、各国議長は広島平和記念資料館を訪れて、当時存命だった被爆者の体験談も聞きました。そのような体験から、2016年にオバマ大統領の広島訪問を支えて、「大統領の広島訪問を誇りに思います。彼は、核兵器拡散を防ぐための指導的役割を果たしています」とコメントしています。2015年には、日本から旭日大綬章《きょくじつだいじゅしょう》を授与されました。

2018年、77歳の時に、米国議会史上最長といわれる8時間に及ぶスピーチをしました。それは必要な書類を持たない移民の若者の国外退去を防ぐ趣旨のものでした。そして翌2019年には、8年ぶりで下院議長に返り咲きました。

彼女の国内政策としては、中産階級向けの減税、最低賃金の引き上げ、格差是正などリベラル派としてブレない姿勢がうかがえます。他方、外交に関しては、人権問題に厳しいと書いたとおり、実際に1991年に訪中した時には、天安門広場で中国語と英語で「中国の民主化のために犠牲になった人々へささぐ」という横断幕を掲げて、天安門事件での中国の弾圧を批判したことがあります。

2008年には人権問題を理由に、当時のブッシュ大統領に北京五輪への出席をボイコットするように迫りました。ですから、現在の民主党バイデン大統領が2022年の北京冬季五輪へ「外交的ボイコット」を打ち出したのは、彼女の下院議長としての後押しがあったのではないかというのは、当然の成り行きです。2009年にはダライ・ラマ14世が訪米した時に、オバマ大統領は中国への配慮から会談をしませんでしたが、ペロシ下院議長は会談し、米議会からの「人権賞」を授与しました。そのような背景からか、「ペロシ死亡説」が流れたことがありましたが、どうやらこれは中国の嫌がらせだったという説が有力です。

ペロシ議長の武勇伝は、後を絶ちません。２０２０年にトランプ大統領が一般教書演説をした時のこと。登壇したトランプ大統領に彼女は握手を求めたところ、トランプ大統領はそれを拒否しました。演説が終わって、トランプ大統領はその原稿を後ろに控えるペロシ下院議長に手渡しました。すると、即座にその場で、その原稿を破り捨てたのです。米国議会の壇上で、このようなハプニングは前代未聞でした。

ところで、彼女の若さの秘訣《ひけつ》は、実は常日頃から身体的にも精神的にも健康でありたいという強い思いがあり、また体形維持にも心掛けており、身長は１６５センチくらいですが、体重は60キロに保つために、適切な運動、特にヨガなどを欠かさないそうです。健全な精神は健全な身体に宿るという言葉を実践し、多くの女性たちに、まだまだ頑張れるという勇気を与え続けている82歳です。

13　人権や民主主義のために強固な意志力を発揮する女性②

ヴァイラ・ヴィーチェ＝フレイベルガ大統領（ラトビア）

彼女は、品の良い、頭の切れる、そしておしゃれな素敵な女性であり、ゆったりと構えたお姉さんといえる風情を醸し出す方です。けれど、その実行力の速さと的確さには驚かされました。最初にお会いしたロンドンカンファレンスの席です。日中の尖閣《せんかく》諸島の掛け合いに聴衆が辟易《へきえき》し、議長が困っていたのを見て、私は会議場にいる国際的に一流といえる出席者に日本の所有権をはっきりとわかってもらうにはどうしたらいいかを考え、フロアから手を挙げ、しっかりと一言述べました。その後すぐに彼女は私を探して、高く評価していると言ってくれました。次に、東京でＷＡＷ！（World Assembly for Women、国際女性会議）の時にお会いしましたが、その時は、ゆったりとくつろぎながら、ユーモアを交えた会話を楽しみました。１９４６年の旧ソ連のラトビア侵略で難民キャンプで育った彼女は、カナダに移住しても祖国ラトビアのために自分の人生をささげたい、ラトビアを民主主義の国にしたいとの強い信念で初代大統領として尽力します。民主主義への強い思いで、中国ではなく台湾とのパイプをしっかりつないだという点でも、その信念と行動力、そして俯瞰的な視野を持った頭脳明晰《めいせき》な女性です。

英国ロンドンでチャタムハウス主催のロンドンカンファレンスがあります。この会議は、世界中からチャタムハウスが選ぶ、学者、国会議員、ジャーナリストなどを150名のみを招待した会議です。国際的に著名であり、また、深い専門性や広い視野を持つ人々が世界中から招待されるので、出席するだけでも大きな意味があります。そこで、スピーチをする機会を頂き、私は発足以来5年間、連続で招かれています。たとえスピーチをしなくても、必ず、皆さんが納得するような意見を開陳することが求められているのです。

２０１６年のことだったと思いますが、アジアの平和と安定のセッションで、中国代表の元駐フランス大使が流ちょうな英語で、尖閣諸島は40年前から、中国が主権を主張し続けてきたので、中国の領土であるという、いつもの論法で意見を述べました。私はケンブリッジ大学チャーチルカレッジに客員教授で招聘されていた時に、英国の12の大学で特別講演をしました。その時、最初に手を挙げるのが中国からの留学生で、そして必ず、尖閣列島は中国に属するのに、日本が盗もうとしているという論法の意見でした。

実は私は、その半年前には、中国が「40年前からうんぬん」の論法で日本に対峙してくるという情報を入手していたので、全員を黙らせる論理構成を準備しており、全く驚きませんでした。日本は大使ではなく、理論派の公使を出席させていました。そしていつものように、日本の公使が尖閣は日本に属する理由を滔々《とうとう》と述べました。すべて正しい論理でした。すると当然ながら、中国側も反論しました。しかしレベルの高い国際会議では、不文律ですが、反論は2分以内ということになっています。ですからこの時点で、すでにハイレベルの出席者たちからは、「別の場所で日本と中国で解決してくれ！」という雰囲気が漂い始めていました。

　私は、日本の正当性をきちんと出席者にわからせ、しかも2分以内の短いコメントでこの場を終わらせなければ、日本と中国が同じレベルで反目し合っているという風にしか見えないのではと思いました。そこで、挙手をして、「一つだけ、事実を皆様にお知らせしておきたい。実は、１９６９年ごろに、国連が北東アジアで海洋資源の探索を致しました。その時、日本の個人が所有する尖閣諸島周辺に資源があるようだという結論になりました。その時から、今お聞きのような議論が始まりました。そして１９７０年ごろには南東アジアで同じことが起きました」。

　すると、議長がにこっと私の方を見て、「それでは、この議論はこれで終わります」と締めくくったのです。そして、舞台から降りて私のそばにやって来て「ありがとう。助かった」と言いました。その時、とてもおしゃれで品の良い老婦人がニコニコしながら私の腕に手を置いて、「あなたの意見は、とても素晴らしかった。こういう議論がしたいのよね。ここに出席している人々はハイレベルですもの。2016－1969=47ですから、中国が40年前から主張を始めたのは、国連の探索の後ということが明らかですから……」と言葉を掛けてくれました。このスマートで頭も良い女性はどなたかしら？　と思って尋ねると、「ヴァイラ・フレイベルガ」とニコニコほほえんで答えてくれました。急いで調べてみると、なんと、ラトビアがソ連から独立して最初の大統領でした。

彼女は首都リガの出身ですが、1歳の時父を亡くしました。家族は1944年にドイツに移住。そして、ラトビア人難民キャンプの学校に入り、その後カサブランカのフランス語学校で初等教育を受けました。そして1953年に家族でカナダに移住。カナダでは心理学と英語の学位を取得し、マギル大学で心理学の博士号を取得しました。1965年からはモントリオール大学で心理学教授を務めました。夫もラトビア人で、ケベック大学の情報学の教授であり、息子はラトビアに在住し、娘はロンドンにいます。

彼女は、1999年に大統領選に出馬し、当選しました。そして、2003年に再選されます。ロンドンでお会いした翌2017年、日本で私が発案し、提案したWAW Japanが開催されたので、この会議に参加してくださり、ご自分の体験をお話しいただきました。その時に、日本で再びお会いして、ゆっくり意見交換ができました。彼女は父親を亡くしてから、母親と一緒に旧ソ連から逃れ、ドイツでは難民キャンプで過ごし、そこからカサブランカに行き、そして、カナダに受け入れられて、カナダで教育を受けました。どこにいても常に、故郷ラトビアのことが頭から離れなかったそうです。どこにいる時にも、在外ラトビア青年の教育家として、あるいは、ラトビア民謡の構造分析を研究し、そして1998年には、外務省ラトビア研究所長になりました。したがって、厳しい状況に置かれた民族に対する思いは強く、温かい心の持ち主です。この上品で、良識をわきまえたラトビア大統領は、難民としての苦労があったからこそ、ラトビア語は元より、ドイツ語、フランス語、英語、スペイン語を駆使して世界各国の首脳と交渉し、そしてロシアのプーチン大統領とも渡り合って、故郷ラトビアの発展のために一所懸命に尽くしたのです。だからこそ、国民から尊敬される足跡を残せたのだと納得しました。

14 人権や民主主義のために強固な意志力を発揮する女性③

ヒラリー・ロダム・クリントン国務長官（米国）

彼女の演説のうまさは、ウェルズリー大学の学生だったころから定評がありました。上院議員になった時にも何度か演説を聞きましたが、しっかりした、そして華やかな強い女性という印象でした。しかし、実際には、テキパキしていますが、心遣いをする面があって、笑顔がかわいい女性的な方です。彼女を支えた若者たちからも、親切で思いやりのある人だとの評価を受けています。アーカンソーの州知事夫人であり、教育改革の責任者であった時から、その仕事ぶりは全く変わっていないのですが、だんだんおしゃれになり、髪の色もブルネットからブロンドに変え、巻き髪からストレートヘアに変え、さらにはナチュラルなヘアースタイルになりました。洋服もあか抜けてきて、大統領として通用するところまで、精神力、政治力、外見的にも自分を高めてきた努力と、決して諦めずに地位を勝ち取る執念には敬意を表します。ただ、彼女は選挙を勝ち抜くために海外からも資金調達をしたといわれているのは残念なことです。英国と対照的にお金の掛かる選挙を強いられている米国の選挙制度である限り、彼女も避けられなかったのでしょうか。

ヒラリー・ロダム・クリントンほど、紆余《うよ》曲折の人生で、スキャンダルにもまみれ、それでも上昇志向で幾多の難局を乗り越えて、米国の女性史を塗り替えた人はいないと思います。

1999年に東京商工会議所婦人部（現・東京商工会議所女性会）が設立50周年を迎えるにあたりに、鈴乃屋の会長でもある小泉清子会長は、是非、ヒラリー・クリントンのメッセージが欲しいと東奔西走していました。そして私に、「ヒラリーさんからのメッセージを頂くには、いくらぐらい掛かるの？」と聞かれました。私は、「お金が掛かるってどういうことですか？彼女が、これはメッセージを出す価値があると考えたら、お金に関係なく出していただけるのではないですか？」と言いますと、「でも、これまでに、口をきいてくれると言ったX氏には200万円、Y氏には300万円払ったのに、全然実現していないのです」ということでした。私は、ヒラリー・クリントンという人は、メッセージを出すことでチョコチョコお金を受け取るタイプではないと思っていました。彼女が資金稼ぎをするとすれば、それはもっと巨額の大々的な方法を上手に考え出すタイプではないかと考えていたのです。

実は、ビル・クリントン大統領がまだアーカンソー州の知事だったころに、札幌青年会議所が米国にスタディ・ツアーをしました。その時、アーカンソー州の州都リトルロックも訪れ、私はアドバイザーとして同行しました。それは、アーカンソー州では公立の教育改革の一環として、就学前の4歳児教育を実験的に実施していると聞いていたので、子供の教育の実態を調査したいと思ったからです。結果は、小中学校では、数学と体育は日本の授業方法を取り入れたほうがいいと感じましたが、4歳児教育に関しては、先進的でした。その責任者が、当時知事夫人であったヒラリー・クリントンでした。

担当者が言うには、「廊下からコツコツとハイヒールの音が聞こえると、皆、席に戻り、熱心に仕事をするのですよ。まるで小学生が、先生が来るからお利口にしようとする時と同じです」と笑いながら説明してくれました。その足音がヒラリー・クリントンでした。彼女は本当に熱心に教育改革に取り組んでいるので、担当職員も、よく働いたそうです。

後日談ですが、参加した青年会議所の一行は、クリントン大統領が誕生した時に、あの時の表敬訪問はリトルロック市長ではなくて、アーカンソー州知事にしておくべきだった。まさか大統領になるとは思ってもいなかったと、残念がっていました。

そこで、東京商工会議所婦人部の50周年に関しては、頼まれた以上はできるだけのことをしたいと考え、国会議員として米国へ行った折に、ヒラリー・クリントンのオフィスを訪ねました。実は、そのころ、ワシントンではホワイトハウスの勢力図というのがまことしやかに語られていました。まず、大統領のビル・クリントンは南部の白人男性で構成したスタッフを使っている。副大統領のアル・ゴアのオフィスは東部エスタブリッシュメントで構成されている。そして、それまでの大統領夫人は、ホワイトハウスのイーストウィングに形だけのオフィスがありました。ところが、大統領夫人になったヒラリーは、大統領及び副大統領がオフィスを持つウェストウィングに本格的なオフィスを構えたのです。そのウェストウィングに構えたオフィスには、男性も女性も、民族や肌の色も違う米国人を登用し、優秀で有能な人が集まっている。なので、一番政策能力が高いのは大統領夫人のオフィスで、「ヒラリーランド」と揶揄されていました。

私が1995年にハーバード大学に客員研究員で招聘されていた時に、ボストンにあるウェルズリー大学に3回ほど、特別講義に出向きました。そこは、ヒラリーと女性で初めての国務長官であったオルブライトの出身校です。ですから、有名な東部のセブンシスターズと呼ばれていた女子大が、時代の流れで、次々と共学化していったのにもかかわらず、このウェルズリー大学だけは意気盛んで、女子大の入学志望者も増えていたのです。

学生たちは、いつも口癖のように、「ヒラリー、ヒラリー」と言っていました。ですから、ウェルズリー大学での経験も含めて自己紹介をし、日本の商工会議所の婦人部設立50周年にメッセージを寄せてほしいとの要請に快く理解を示し、応諾してくれました。お金などは一円も払いませんし、そのことも、きちんと伝えました。もちろん、ヒラリー夫人側も快諾でした。そこで、「お礼に、何かできることはありますか?」と念のため尋ねてみると、記念冊子の中に掲載する時には、どのような誌面割かを尋ねてきたのです。まず、小渕恵三総理大臣からのメッセージが最初に載ることを伝えると、是非、その次に載せてほしいというのです。できれば、見開きで。なるほど、それはなかなか賢い要求だと感心しました。このようにして、自分を売り込むことを考えているのです。

しかし、何日待ってもメッセージが届きません。そこでオフィスに問い合わせても、「すでに出しているので、間もなく届くと思います」という返事でした。そこで、なぜ大統領夫人からのメッセージが届かないのかを調べてみたら、実は、米国の国家安全保障会議が大統領及び大統領夫人の公的・私的を問わず、すべての書簡を押さえて、いちいち点検しているのだとわかりました。メディアでは、モニカ・ルインスキーとクリントン大統領のラブアフェアが世界中を騒がせていました。ヒラリー夫人はけなげに夫を支えると発言し、世間の同情を買ったり、海外からの多額の献金のうわさもあり、ホワイトハウスは落ち着かない時でした。気をもみましたが、私がお願いしたメッセージはギリギリでしたが、無事、届きました。

東京商工会議所婦人部の50周年の行事も、冊子も成功裏に終えました。そこで、礼を失することがないように、次に米国へ行った折にヒラリー事務所を訪れて、小冊子と祈念品のシルクのスカーフを届けておきました。すると間もなく、彼女からの丁寧なお礼状が届きました。後に聞いたところによると、世界中からヒラリー夫人へのメッセージや講演の依頼は非常に多いのですが、終わってから、お礼の報告を頂いたのは、「ＹＡＭＡＮＡＫＡ　ＡＫＩＫＯ衆議院議員だけです」という驚くべき説明を受けました。礼節をわきまえるというのは日本人の持てる財産だと思います。

余談ながら、２０２１年に大リーグＭＶＰに選出された大谷翔平選手は、野球の腕前はもちろん傑出しています。しかし彼の礼節をわきまえた日本人らしい行動が、人間としての信頼と評価を得ている現実を見て、日本の若者には、その点の誇りを持つことと、礼節を大切にすることを学んでほしいと改めて思います。

では、ヒラリー・クリントンはどのような生い立ちの女性なのでしょうか？　そして、どうしてここまで強くなれたのでしょうか？　私が出会った女性リーダーたちの中でも、このヒラリー・クリントンほど、紆余曲折を体験しながら、しかしそれに打ち勝って、次々と階段を上っていった女性は珍しいのです。興味深い人生です。

１９４７年シカゴ生まれ。スポーツ万能でしたが、高校生の時に政治に興味を持ち、父が熱心な共和党員だったので、１９６４年には大統領選挙で共和党を応援。しかし、１９６５年名門ウェルズリー大学に入学すると、ベトナム戦争に反対し、民主党の応援をすると同時に、ワシントンでは共和党のロックフェラーを応援するという両天秤で政治運動をしていました。ウエルズリーでは優秀な成績を収め、卒業生総代でスピーチをしました。ところがこのスピーチは賛同されたと同時に批難もされ、地元で有名になります。

さて、その後、弁護士を目指して、１９６９年にイェール・ロースクールに入り、そこで、ビル・クリントンと出会うのです。そして、１９７２年の大統領選挙では、ビル・クリントンと共に民主党を応援しました。そこから、彼女は民主党としての立場を築いていくことになります。１９７３年には弁護士となり、１９７４年にはニクソンのウォーターゲート疑惑の弾劾調査団の一員となります。そして解散後、ビルのいるアーカンソーに移住して、彼と一緒に、アーカンソー大学で教鞭をとります。その年、ビルは下院議員に立候補しますが、落選します。

翌1975年に結婚しましたが、「ヒラリー・ロダム」という旧姓を使用し続け、選挙も手伝いませんでした。そのころの写真では、ブルネットの巻き毛を肩まで垂らし、丸メガネを掛けていて、現在のイメージとは全く別人のような風貌です。

1976年にビルがアーカンソー州の司法長官に選出されて、州都リトルロックに引っ越しました。そこでヒラリーはローズ法律事務所に入り、大統領選挙ではビルと共にジミー・カーターを応援しました。その後、ビルは1978年に32歳の若さでアーカンソー州の知事に当選しました。しかし、彼女は弁護士としての仕事を続け、全米100人の弁護士にも選ばれる実力をつけます。ローズ事務所では女性初のパートナーとなりました。また、アーカンソーにおいて、質の高いヘルスケアを目的として地方健康諮問委員会の議長や児童防衛基金の活動をしましたが、これは、後に大統領夫人としての健康保険制度のチャレンジにつながります。

しかし、知事は2年任期で1980年に再選を果たせず、ビルは落選しました。この年に娘のチェルシーが生まれます。しかし、2年後の1982年の知事選に再当選して、カムバックしました。この時、ヒラリーは結婚してからも使用していた旧姓の「ヒラリー・ロダム」から「ヒラリー・ロダム・クリントン」に名前を変えて、彼の選挙運動を妻として全面的に支援することを公にアピールしたのです。そして、私たちが見学した、アーカンソー州の教育水準委員会の委員長を務めて、その教育改革は全米でも高い評価を得ました。

1991年にビルは大統領選挙に出馬。その時の有名なフレーズが、「1つ分のお値段で、2つ分のお買い得（get two for the price of one）」です。つまり、ビルは自分を当選させれば、ヒラリーという非常に有能なもう一人の人物も一緒に仕事をしてくれるという意味で、この時、全米でヒラリーとはどんな人物なのかと注目を集めました。このころ、彼女は、ブルネットのボブカットで、丸メガネも封印し、ただのできる女性から、できる女性でありながらセンスも良いという風に大きくイメージチェンジしたのです。

そして、もう一つ、全米で語り草になった事件がありました。ビルとクラブ歌手の不倫問題が公になり、録音テープもマスコミに流出する事態になって、大統領選で優勢だったビルは、支持率が急落して当選に黄信号がともりました。この時に、ヒラリーの取った行動が大きな反響を呼びます。彼女は、夫ビルと共にテレビに出演してこう言いました。「私は、ただここに座っているだけではありません。一人の女性として、私は彼を支えて立っているのです」。そして、夫を愛し、尊敬もしていると述べたのです。しかも、それに続けて、「もし、それでも皆さんが、十分でないとお考えなら、彼に投票しなければいいだけの話です」と言って、ビルを擁護しました。これは、彼女の最大の選挙応援と受けとられ、結局、支持率は回復し、大統領に当選したのです。彼女は、誰にも代わりのできないビル・クリントンの選挙参謀でもあったのです。

ビル・クリントンは政権発足後、日本をモデルとしたのでしょうか、国民皆健康保険を目指す医療制度改革の座長にヒラリーを指名しました。この人事は、当然、身内に甘い典型的な人事であると批判され、医療関係の圧力団体の既得権益との対決図式となり、また、議会への丸呑みさせる強引な手法が非難されて、1994年に廃案となり、失敗に終わります。

しかし、ヒラリーは黙って受け入れず、1996年の著書で、改めてこの法案の正当性をうたいあげました。そして、その内容を多くの女性が好感をもって受け止めることになりました。その結果、この法案は「時期尚早だった」という世論調査の結果を導き出したのです。その骨子が、後のオバマケアに引き継がれました。

1995年に北京で開催された国連国際女性会議には、米国代表の名誉団長として出席し、「人間の権利は女性の権利であり、女性の権利は人間の権利である」という趣旨のスピーチをしたのを覚えています。そこに出席していた米国の女性たちの中では、ヒラリーの人気は非常に高かったです。しかし、その人気とは裏腹に、実は、クリントン夫妻が過去のビジネス上の取引で、ホワイトウォーター疑惑が発生し、独立検察官による捜査に発展し、その捜査の線上で、ホワイトハウスの研修生モニカ・ルインスキーとビル・クリントンの関係が世界を騒がせました。

ヒラリーは、「ビルの首を絞めたいくらいだったが、2人でカウンセリングを受けた結果、ビルほど私のことを理解して笑顔にさせてくれる人はいないということがわかったので、結婚生活は続ける」と、またもビルを擁護しました。実は、もっと重大なことは、この疑惑で、大統領夫妻の親友で、大統領次席法律顧問が自殺したことでした。この件は、彼の死で闇に葬られましたが、今でも時折、クリントン夫妻のスキャンダルとして取り上げられています。もちろん、ビル・クリントンは下院で2度目の弾劾裁判を起こされ、上院でも弾劾されましたが、証拠不十分で、訴追をまぬかれました。米国では、ビル・クリントンは票を稼ぎ、ヒラリーは資金を稼ぐといわれていました。

その後、ヒラリー・クリントンは2001年から2009年までニューヨーク州の上院議員を務めます。このころには、彼女はブロンドで、少しカーリーの短めの髪形にイメージチェンジしていました。2001年の選挙の時は、共和党は人気の高いジュリアーニ市長を候補として挙げていましたが、結果的にはがんのため立候補せず、ヒラリーは55%を獲得して当選しました。2期目の2006年には、圧倒的な票差で当選し、これが、2008年に大統領候補になる大事な足場となりました。前述のとおり、米国では、ビルは票を稼ぎ、ヒラリーは資金を稼ぐといわれていましたので、この上院選挙でヒラリーが勝てるかどうかを疑問視する向きもありましたが、見事に勝利しました。

2008年の大統領選挙の時には、民主党内では、大統領候補にヒラリーかオバマかで、大もめになりました。それまでに、私は何度かヒラリーの演説を聞きましたが、理路整然として、説得力と力強さがあります。ただ、ちょっと気になったのは、人々の心をつかむような感動を与えるエピソードなどはほとんどなかったことです。結果的にはオバマでした。

私はたまたま、この民主党党大会に特別招待されましたので、あの会場でのオバマ大統領候補のスピーチを聞きました。彼も理路整然としているのですが、人の感性に訴えるようなエピソードを一つ二つ盛り込むのが上手でしたので、これは浮動票を取れる候補だと思いました。

その時、新聞をにぎわせたのは、実はキャロライン・ケネディでした。彼女は、それまで政治にかかわらずに過ごしてきました。そのキャロラインが公に民主党大会でスピーチをするというので、全米がくぎ付けになります。それほどに、米国では、いまなおケネディ神話が通用しているということを改めて感じました。キャロラインがヒラリーではなくオバマを推したことは、オバマにとって大きな追い風になりました。ですから、日本大使に指名されたのも、当然のことと思います。

もっとも、ヒラリーが国務長官に任命されたのは、何度もオバマ大統領と話し合って、彼女自身が獲得したポジションだったと思います。彼女は努力の人であり、また、権力の力をよく知っている人です。いまだに男女平等を憲法に盛り込むことができない米国において、ここまで頑張れるのは、ヒラリー・クリントンのたぐいまれなる能力と強力な自己PR、そして、努力が必要だったのです。

ただ、国務長官という外交の責任者として批判されたのは、彼女が、自分の携帯電話と国務長官の携帯電話を混同して使用しており、しかも、国務長官は常に側近の一人が、その通話記録を付けているはずなのに、そして何度も警告を受けたにもかかわらず4年間区別されていなかったことです。結果的に、ヒラリーが国務長官の時、民主主義の根幹である透明性と説明責任をきちんと果たせなかったのは、外交を知る一人としては、本当に残念に思います。

その間、2014年に、日本で初めてのWAWが東京で開催されました。2013年に、私が米国のワシントンDCとニューヨークの5つの大学と10のシンクタンクで講演して、当時の安倍晋三総理の掲げる「ウーマノミクス（Womanomics）」と「積極的平和への貢献」について話しました。その折、何人もの女性のリーダーから「ウーマノミクスというけれど、日本では女性のための国際会議を一度も開いていないわよね」と言われました。それで、女性の経済活動と女性の平和構築の2つの柱を中心にした国際女性会議を提案しました。実は、この第1回のWAW会議には、ヒラリーを基調講演者にと思いましたが、彼女は大統領選の準備で日本までは来られなかったので、ビデオメッセージになりました。基調講演は、IMF（国際通貨基金）のトップのクリスティーヌ・ラガルドにお願いし、ラガルドの講演と、ヒラリーのビデオメッセージというダブルのゲストでした。

そして、2016年に、ヒラリーはついに民主党の大統領候補となり、トランプと熾烈《しれつ》な戦いをしました。全米の総得票数では、ヒラリーのほうが上回っていましたが、米国の大統領選の複雑な仕組みにより、各州からの選挙人数ではトランプはヒラリーを上回ります。トランプの作戦勝ちといわれても仕方がありません。

この選挙の最終日の2人の行動は対照的でした。ヒラリーは手応えを感じていたようですし、陣営も勝つと思っていたのでしょう。勝利宣言のための会場にガラスの天井をセットして、それを破るというスペクタクルを演出するために、ヒラリー自身も会場の下見をしたと報道されていました。

他方、トランプは負ける気配を感じたのでしょうか？　最後の最後まで選挙運動に徹して、最後の一日で5つの州、特に、フロリダと中西部の民主党の牙城を回り、「もう、ヒラリーは今日は来ません。ここへ最後のお願いに来たのはトランプ、私です！」と言って民主党を揺さぶったのです。

このような激動の人生を生き抜いてきたヒラリー・ロダム・クリントンは、間違いなく歴史に残る傑出した女性と言えるでしょう。

国際秩序の順守に果敢に資質を開花した女性

法的に問題ない形で国際秩序を守ることは、「言うは易く行うは難し」が常です。その中で、大きな国力や覇権主義の国にも屈せずに、自国の国益を守ったり、国際的な場でも公正であることは尊敬に値する行為です。その意味で、現在の力関係により現状を変更することもままならず、強い国へは逆らえないという民主主義に反する状況が世界中に散見される21世紀に、果敢に大胆に現状に挑戦し、国際秩序のあるべき姿を実行することは、打たれ強く、明確な価値観とビジョンを持ち、しかも、実現するタイミングを読むという能力は非凡な才能です。男性は周りに配慮しすぎて、ここまで思い切ったことができないかもしれないと思わせる、実行力の持ち主である女性たち。これからの新たな国際秩序を確立するために、いったん地位から離れても、いずれ国際社会から必要とされる女性たち。そのような人物を活用できる国際社会であることを願っています。

15 国際秩序の順守に果敢に資質を開花した女性①
スシ・プジアストゥティ海洋水産大臣（インドネシア）

彼女は、実に自由な発想の持ち主であり、また、その行動も実に自由で、砂浜で若者たちのダンスの輪にはだしで飛び込んで一緒に踊る姿を見て、「大臣」という一般的な思い込みが、いかに現実離れしていたかを思い知らされました。欧州で彼女のうわさを聞いて、たまたまＥＲＩＡ（東アジア・アセアン経済研究センター）の会議でジャカルタに行った時に面談を申し込んでお会いしたのが最初ですが、そのフランクさに魅了されました。彼女は、家庭や社会に反抗しながら、自分のビジネスを大きく育てた方なので、精神力のたくましさは並み外れています。その一方、個人的には日本の寿司をはじめ食べ物や文化が大好きで、家族を連れてたびたび来日しています。それもプライベートな時は、警護もつけないで、皇居の周りを孫たちと自転車で走るのだそうです。そのような自由な発想とたくましい精神力で、海洋水産大臣を見事に務め上げました。オープンな人柄で、人懐っこい笑顔がチャーミングな女性です。しかし、いったん大臣としての仕事となると厳しい面があったようですが、国民の人気は高く、ビジネスの成功でもわかるように妥協を許さないたくましさを感じました。

2016年ごろ、私は、ケンブリッジ大学での特別講演や、ロンドンカンファレンス、OECD（経済協力開発機構）フォーラム、IFRI（フランス国際関係研究所）での講演など、欧州各地で講演活動をしていました。そのころ、政治家や研究者、ジャーナリストが口々に「インドネシアにとんでもなく勇敢で素晴らしい女性の大臣がいて、国連海洋法条約の排他的水域に侵入してきた中国船をどんどん沈めている。それが1隻や2隻ではなく、100隻にも上る数だという。われわれは、中国に気遣いをするので、あのようにはできない。彼女に会ったことがあるの？」と言うのです。

彼らは中国船と言っていたし、その話を聞いて、私は、南沙諸島や西沙諸島を中国が力で占有し始めていたので、それに対してインドネシアは全面対決する覚悟を決めたのかと類推しました。しかしどうも、インドネシア一国が中国と対峙するような危険を冒すはずはなく、ASEAN（東南アジア諸国連合）各国で、対中作戦は話し合っているはずなので、今一つ、何が起きているのかストンと理解できず、是非、会ってみたいと思ったのです。

幸運なことに、ERIAの事務総長特別顧問を拝命したので、本部のあるインドネシアをたびたび訪れる機会を得ました。また、国会議員をしていた時のご縁で、元外相や国防相などとも旧交を温めましたし、インドネシアＣＳＩＳ（戦略国際問題研究所）での講演やインドネシア国防大学大学院、エネルギー研究所などでの講演も相次ぎました。

そこで、一度お会いしたいと、スシ・プジアストゥティ海洋水産大臣に面談を申し込みました。もちろん、日本大使館が全面協力してくれました。初めて訪ねた時に、インドネシアのお菓子をたくさんテーブルに出してくださり、気さくでオープンな人柄が見て取れて、こちらも思わずほほえんでしまいました。実は、名前がスシですので、日本大使館でも、在インドネシアの邦人の間でも名前はよく知られていましたが、お会いしたことがある人はほとんどいなかったのです。

１時間があっという間に過ぎてしまうほど、彼女の話に引き込まれました。欧州でのうわさを伝えると、「あら、中国の船を狙い撃ちしているわけではありませんよ。どこの国の船であろうと、法を破って侵入して漁を行う船は沈めます」「隣のフィリピンの船でもですか？」「もちろんです！　不公平にならないように、政策方針を決めたら、それに従って粛々と実行するのです」という具合で、それまでに沈めた船は優に１００隻を超える数に上っていました。

「乗組員はどうするのですか？」と聞くと、「まず、船を止めて乗組員を捕捉して、誰もいないことを確認して爆破するのです。そして、乗組員は国に送り返します。大丈夫、人の命は、誰であろうときちんと守りますから……」。

よく聞いてみると、どこかの国をターゲットにするのではなく、インドネシアの漁民が得るはずの海洋資源を、法を破って漁獲するのは泥棒なので、捕まえて、乗ってきた船は沈めるという、筋の通った行動でした。それは、別の側面から見れば、手間とお金も掛かるはずです。なんとも情けないことに、日本では日本の海域に侵入してきた漁船を海上保安庁が見守るだけで、漁民の利益を守ったことになるのです。

すっきりと納得のいく説明でした。帰り際に、スシ大臣は、「私は日本が大好きなの。寿司は特に好きです！」と言って、私の肩をしっかりと抱きました。それからは、とても仲良しになり、インドネシアに行くたびにお会いするようになりました。

さて、スシ大臣は、珍しい経歴の持ち主で、高校も卒業していないたたき上げの女性大臣ということで、インドネシア人にも人気があります。ジョコ大統領は、２０１４年の組閣の際に有能な女性を大臣に登用し、財務大臣や外務大臣をはじめ８人の女性大臣がいました。その中でも、スシ大臣は特に人気が高かったのです。１９６５年にジャワ島で生まれたジャワ人ですが、一族はスンダ人で、地方の名士でした。ジャカルタの高校に進学したものの、ゴルカル党への抗議運動に参加し、退学処分になります。そして、大臣になった後に高校の後期授業を受けて、２０１８年に無事高校を卒業しました。

彼女は実業家です。１９８３年に高校中退後、故郷に戻り、水産物の卸売業を起業し、順調に業績を伸ばしました。１９９６年には、輸出用のロブスターを専門に取り扱う水産加工場を設立。水産加工品を素早く新鮮なうちに輸送するためには、輸送手段の確保が不可欠です。そこで、航空運輸業を立ち上げ、2004年にセスナ208を購入し、「Susi Air」と名付けました。新鮮なシーフードをジャカルタなどの国内の都市部や、シンガポール、香港、日本などへの輸出も始めました。

2004年のスマトラ沖地震の時には、会社の所有するセスナ2機で孤立地域の被災者に食料を運ぶと同時に、救援活動を行うNGOに提供しました。Susi Airは、今では、アジア太平洋地域におけるセスナの最大運航会社に発展しています。

ジョコ大統領はスシ社長を海洋水産大臣に任命しましたが、まさに、彼女の経験や才覚が生きる適切な人選でした。特に、このころ、インドネシアでは外国船による違法操業が深刻な問題となっていました。そしてスシ大臣の、不法漁船撃沈作戦が始まりました。その甲斐《かい》あって、インドネシア海域で違法操業していた約1万隻の外国漁船の大部分は姿を消したのです。そして、2016年には、インドネシア漁業の持続可能な開発と海洋生態系保全のための努力に対して、世界自然保護基金はLiving Planet Awardを授与しました。

2018年に、インドネシアは国際海洋環境会議をバリ島で開催。外務大臣と海洋水産大臣の2人の女性大臣が主催者ということで、「Our Ocean Conference」と名付けたこの会議は大成功でした。私も招待され出席しましたが、スシ大臣は細やかな気遣いで、外務大臣を立てながら見事に仕切ってみせました。彼女に違法操業船舶を撃沈された国々の大臣たちも出席し、まるで、何事もなかったかのような平和な祭典でした。海の映像を180度展開し、セッションの時も海の中にいるような演出は本当に見事でした。この会議は「海のダボス会議」と呼ばれ、世界各国持ち回りで開催されます。四方を海に囲まれた日本がなぜ、開催に手を挙げないのか、不思議議です。それこそ、海洋国家日本を国際社会に示す良い機会であるはずです。

この会議の後、スシ大臣と話し合いました。100隻にも上る船を撃沈するのは、費用が掛かります。そこでこれからは、乗組員は拘束し、本国に送り返すが、船は修理して、インドネシアの諸島で暮らす貧しい漁民に寄贈するというアイディアを話してくれました。私も大賛成しました。同じように費用を掛けるのなら、撃沈するよりも修理して、インドネシアの漁民が使えれば、資源の無駄遣いをしないで済みます。まさに「モッタイナイ！」です。

彼女には離婚した元夫との間に3人の子供がいます。長男を不慮の事故で亡くしてしまいましたが、長女は日本に留学して、今はパイロットになっているそうです。

国際津波防災学会の代表として、私がインドネシア気象庁官から招待され、講演を行った防災会議が、2019年11月にジャカルタでありました。そして、最終便で帰国したのですが、朝6時ごろに羽田に到着して、飛行機から降りようとしたとき、なんと、偶然にもスシ元大臣とお会いしたのです。大臣を離れてから、初めてプライベートで日本に来たのだそうです。日本が大好きなので、孫たちと皇居の周りをサイクリングして楽しむので、日本に自転車を7台置いてあるという話でした。そして、インドネシアだとみんなが自分を知っているが、日本だと誰も気がつかないし知らないので、プライベートライフを楽しめるということでした。

実は、スシ元大臣と書いたのは、2019年のインドネシアの大統領選挙に関係があります。

実は、スシ大臣の人気がジョコ大統領を凌駕《りょうが》するまでになり、副大統領候補として名前が挙がるようになりました。そこでジョコ大統領は、彼女を副大統領に登用して、2人で鉄壁の陣を確保するか、自分より目立ちかねない彼女を大臣から外すか、どちらを選択するかが注目されました。結果は、彼女を大臣から外すことになりました。

そこで、少しゆっくり家族の時間を取って、また何かを始めることだろうと、興味が湧いてきます。私たちが思いつかない新たなビジネスか、はたまた政治にかかわることか、今から楽しみです。

16 国際秩序の順守に果敢に資質を開花した女性②
ベロニカ・ミチェル・バチェレ・ヘリア大統領（チリ）

彼女は、鋼のように強い意志の持ち主で、その根源は、独裁政権に立ち向かってきた自分史によって培われた精神力です。とても小柄で、しかし、がっしりした体格で、私が初めて会った時はチリの国防大臣から大統領になったばかりでしたが、フレンドリーで、メガネの奥の瞳が笑っていたのを思い出します。同伴した女性が後継の国防大臣でした。チリという国が、国防という最も男性的と思える大臣に女性を就任させることにちょっと驚きました。社交家で、楽しくおしゃべりができる人懐っこい方でした。ですから、大統領の後に国連の女性のためのUNウィメンのトップに就いた時には、少々意外な気がしたことを覚えています。

それから再度チリの大統領に就任します。そのあと、国連事務総長の指名で人権高等弁務官に就任された時は、国際社会の人権問題にどう向き合うのか、期待しました。WAWに出席するために日本に来られた時には、すっかり貫禄《かんろく》がついて、その存在感は増しました。人権高等弁務官として中国の新疆《しんきょう》ウイグル自治区の人権問題に関する公正な報告書を出したことで、彼女は変わっていなかったとほっとしました。

2006年の私は、外務大臣政務官として忙しい年でした。当時は、麻生太郎外務大臣の下、中央アジアからバルカン半島に通じる、旧ソ連の国々を民主化させようというGUAMプロジェクトが実行に移されていました。すなわち、グルジア（現・ジョージア）、ウクライナ、アゼルバイジャン、そして、モルドバの4ヶ国に対して、日本が民主化の支援を重点的にしようというプロジェクトです。そこで、大臣はウクライナに、私はアゼルバイジャンとグルジアを訪問し、大統領や国会議長と面談して、日本が民主化の応援をすることを伝えて具体な問題点を協議しました。

その最中に官邸から、帰国後ただちにペルーへ出張してほしい旨の連絡がありました。当時、ペルーはフジモリ大統領をかくまったとして日本への不信感を持つトレド大統領から、もう少し視野の広いガルシア大統領へ政権移行の時期でした。私が受けた説明は、実は日本ペルー友好議員連盟の会長が就任式に出席する予定だったが、日本にとってはただ儀礼的な出席ではなく、ペルーとの関係改善のための外交交渉として位置付けることになった。それには、山中燁子政務官が適任ということになり、急遽、要請したとのことでした。これは、応諾せざるを得ません。

そこで、全くレクチャーを受ける暇もなく、山のような資料を渡されて、「詳細は現地で石田大使と相談して進めてください。よろしくお願いします」と言われ、米国経由でペルーへ向かったのです。アゼルバイジャンから帰国して、ただちに移動しなければならなかったので、日本からの飛行機の中で渡された書類を読み続けた結果、ペルーに到着した時はすでに疲れ果てていました。現地へ到着後すぐに大使との戦略会議に臨むには、到着までに一通り目を通しておかねばと思い、まるで受験生のようでした。ガルシア大統領との交渉の顚末《てんまつ》は、別の機会に譲ることとして、ここでは、チリのベロニカ・ミチェル・バチェレ・ヘリア大統領に絞ってお話しします。

ガルシア大統領の就任式典は、リマの大聖堂で厳かに行われ、100を超える国々の代表が参列しました。私が石田大使と一緒に座った前の席に、ボブヘアでメガネを掛けた小柄な、しかし、がっちりした女性が座っています。その式典の前方の特別招待者席には、女性は数えるほどしかいませんでした。彼女は振り向いて私を見ると、にこっとほほえんで「チリのバチェレです！」と自己紹介されました。私も「日本のヤマナカアキコです」と言って、握手をしました。それが、バチェレ大統領との初めての出会いでした。チリで初めての女性大統領に決選投票の末選出されたのが、2006年の1月ですから、まだ就任して間もない時期だったようです。彼女は、日本に対して良い感情を持っていたようで、私が日本人と知って、親しげに自分のことを知ってもらおうと、一所懸命自分の来し方を話してくれました。

父親が空軍の将校だったのですが、軍のクーデターで殺害された話から、国防大臣を務めたこと、そしてチリに安定と平和をもたらすために人生をささげてきたこと等々。彼女のそれまでの人生を振り返ってみると、なぜ、彼女がそこまで祖国を愛し、そして祖国のために身を挺《てい》して尽くしたいと考えているかがひしひしと伝わってきます。聞いているほうが涙ぐんでしまい、「よくここまで、さまざまなことを乗り越えてきましたね。大統領として、祖国のために尽くすのはこれからですから、頑張ってください」と、思わず肩を抱きしめてしまいました。

また、バチェレ大統領も、何か通じるものがあると感じたのでしょう。特に、私は非伝統的な安全保障、予防外交、平和構築などに携わってきたことを知って、とても喜んで、国防の重要性を説くと同時に、隣にいた女性を改めて国防大臣として紹介してくれました。そして彼女は、「国防というと男性社会と思う向きが大多数ですが、真の平和を構築するためには、女性の力が必要なのです!」ときっぱりと言いました。

このベロニカ・ミチェル・バチェレ・ヘリアについて、少し詳しく紹介してみましょう。

1951年、サンティアゴでフランスからの移民の子孫として生まれました。1970年にチリ大学医学部に入学しました。しかし、空軍の准将だった父親が、1973年のチリ・クーデターでピノチェトに逮捕され、１９７４年に拷問死したのです。同時に、彼女と母親も逮捕されて拷問を受けました。その後、オーストラリアに亡命して、旧東ドイツに移り、フンボルト大学の医学部に入学しました。１９７８年にはライプツィヒ大学でドイツ語を研究しています。ひょっとしたら、同じころ、アンゲラ・メルケル首相も同じキャンパスを歩いていたかもしれません。バチェレ大統領は、母国語であるスペイン語のほか、英語、ドイツ語、そしてフランス語を駆使できるようになりました。

１９７９年にチリに帰国して、チリ大学に復学しました。外科医であり、小児科医でもあります。彼女は、１９７０年からチリ社会党の党員でした。１９９０年に民政復帰をして保健省に入り、汎アメリカ保健機構や世界保健機関などで活躍しますが、１９９６年以来国防問題への関心を強め、インター・アメリカ国防大学に留学しています。２０００年からラゴス政権で厚生大臣、２００２年から国防大臣を務めました。もちろん、女性の国防大臣はラテンアメリカでは史上初です。その後、国防大臣を辞して、大統領選に立候補しました。２００５年の第1回投票では、得票率が45％でしたが、２００６年の決選投票では過半数を制して、チリで初めての女性大統領になりました。間もなく、ピノチェトが死亡しましたが、国葬を断固拒否し、一方では陸軍による葬儀を認めるなど、バランスを上手に取った裁断を下しました。

外交面では、２００６年に中国とのＦＴＡ（自由貿易協定）を批准し、２００７年には日本とのＥＰＡ（経済連携協定）を締結しました。その後、２００８年には、南米諸国連合初代議長を務めました。２０１０年に大統領の任期を終える直前にチリ津波が発生し、その対応に追われたまま退陣してしまいました。バチェレ大統領は、「被災者の痛みに私は悲しみをもって去る。しかし、私たちが成し遂げてきたことに満足し、胸を張って去る」というコメントを出しましたが、心残りのままだったことがうかがえます。

２０１０年には、国連ＵＮウィメンの初代事務局長に任命されましたが、２０１３年に辞任してチリに帰国し、チリ大統領選への再出馬を表明。この時も、１回目の投票では過半数を得られなかったのですが、決選投票では、62・59％の得票で大統領に再選されました。２０１７年の大統領選挙には立候補せず、その後２０１８年には、グテーレス事務総長から国連人権高等弁務官に任命されました。また、東京で開催された第5回ＷＡＷに来日してスピーチをしたのも、思い出深いものがあります。そのころには、すでに貫禄十分で、堂々とした雰囲気を醸し出していました。

ごく最近は、コロナ禍に対してワクチン接種を強制接種させるのは人権問題であると反対の表明をしたのが、注目されています。また、新疆ウイグル自治区へ現地調査に入る可能性も取り沙汰されていました。現在の国際状況を俯瞰すると、人権問題は大変複雑化しており、内政干渉と人権問題の折り合いを国連がどうつけるのかが注目されます。バチェレ国連人権高等弁務官が、この問題にどう向き合うのか、注視されていました。彼女は、２０２２年5月に中国から招かれた形で、新疆ウイグル自治区における人権侵害の調査を行いました。その後、報告書も出さなかったため、国際社会からは、中国に抱き込まれたのか、と中傷されたのです。事実、何も報告がないのはおかしいという声が民主主義国ではほとんどだったし、私もあの鋼のような精神力を持ち、しかし、国際社会や国連と連携することのできる柔軟性のある彼女が、きちんとした報告書を出さないこと自体をいぶかったのも事実です。しかし、彼女は2022年8月31日に任期を終える直前に「深刻な人権侵害」が行われているという報告書を正式に発表しました。この行為には、母国チリでの独裁的な国家権力により父が拷問死させられ、自分も母と共に拘束され、拷問され、オーストラリアに亡命し、医学と法律を学んで、独裁政権を倒すためにチリに帰国し、反政府運動を展開して民主主義政権を取り戻した過去の経験から類推される、深謀遠慮が感じられるのです。すなわち、次の人権高等弁務官は責任を問われることなく、しかし、この報告書にどう対処するかは避けられない責務となる。自分は発表した責任を取った形で、国連から身を引いたわけです。これから、彼女は母国チリに戻ってどのような活動をするのでしょうか？　あるいは、近い将来国連に戻って、国際社会の平和と安定、そして民主主義のために尽くす頃合いを見計らっているのでしょうか？　非常に興味深いことです。

自分の理想と国の現実の間で苦しんだ女性

　多くの女性リーダーも、あるいは男性リーダーも、自分の理想と現実の政治の世界において、そのはざまで揺れたり、踏み出せなかったり、別の方向に向かってしまって、「こんなはずではなかった！」と嘆き、治世に失敗する人が何人もいます。その場合の多くは、あまりにも理想的な国家運営をすぐにでも実現しようとして焦ったり、俯瞰的に現実を見ずに現実を超えた先の幻想を夢見たりしている場合があります。自分はどんな国にしたいのかというビジョンがクリアではなく、政策を実現するための明確なアプローチが十分ではない、国会や内閣、各省庁などの立案と実施の段取りの欠如、実施する人材の確保が不十分などの原因が考えられますが、一番大事なのは、どんなにカリスマ性があろうと政治は個人の力で動くものではなく、それを支える真の仲間たち、それに従う官僚たち、そして、広報による国民・有権者の理解と支援などをしっかり固めることが肝要です。その意味では、議院内閣制は、少なくとも政権与党のバックアップがありますが、大統領選の直接選挙の場合には、個人の人気によるところが大きいので、逆にバックアップした与党をしっかり取り込むことができるかどうかが最初の3ヶ月で試されます。すなわち、首相や重要閣僚、そして補佐官など、自分の考えを熟知し、しかも、どのような段取りで、どのように政策を実現していくかを熟知している側近を選べるかどうかです。もし、それに失敗すれば、レイムダックになりかねず、任期すら全うできなくなる危険性があります。

17　自分の理想と国の現実の間で苦しんだ女性

朴槿恵大統領（韓国）

　彼女と最初に会ったのは、国会議員になったばかりの時でした。彼女は、人柄の良いお嬢さんと呼ぶにふさわしい方でした。私と同じように小柄で、やり手の政治家とは違い、ギスギスしておらず、強硬に主張しません。しかし、外交に関してはしっかりしたビジョンを持っており、いずれ南北朝鮮の統一も視野に入っていました。さらに言えば、父親の朴正熙《パクチョンヒ》大統領が日本政府の後押しで、「漢江の奇跡」といわれた経済政策の成功体験があり、何とか日本とも協力して韓国を再び経済復活したいという思いがありました。そこまでは、とても良い印象で、派手でもなく、父親の権威を笠に着るでもなく、素直なお嬢さんがそのまま政治家になったという感じでした。ただ、彼女は母親が銃殺され、フランスの留学から帰国して父の右腕として外交を担ってきた経験から、国内の政治勢力をうまくまとめたり、活用したりすることを学んでいなかったのではないかと思います。もう一点気になっていたのは、実の妹とも弟ともうまくいっていないと聞いていましたので、家族の親身の後押しや助言もなく、信頼した人物にだまされて、私腹を肥やしていないのに国民の信頼を失ったのは残念です。

朴槿恵《クネ》前大統領が恩赦により釈放されました。この時期、なぜ文在寅《ムンジェイン》大統領が、彼女を釈放したのか、政治的意図はわかりませんが、いまだに支援者が多いこともあり、体調が良くないので入院中とのことですので、獄中死を恐れたのかもしれません。もし、そうだとすると、相当に病状が逼迫《ひっぱく》しているのかもしれないと、少し心配になりました。

国会議員の時には、私は日本と大事な関係のある国として、日米議員連盟、日英議員連盟、日中議員連盟、日露議員連盟、日韓議員連盟、日加議員連盟、そして日華議員連盟に所属していました。ですから、韓国との関係は、年に2回、日本と韓国とで議員が経済問題、外交・安全保障問題、教育問題等々に関して、真剣に議論を交わしていました。このように、意見の共通点や相違点を真剣に議論することで、竹島や慰安婦問題などがあっても国会議員同士、国同士の連携は強固なものがあったのです。今の国会議員同士で、私がいた時のように、真剣に互いの意見を交換し合っているのかどうか、少し疑問です。このことは、日米、日中、日露、日英、そして日加も日華も、議員連盟が果たす役割がどのように機能しているのかと気になる昨今です。

そのような日韓議連の一員として、朴槿恵議員とは、何度かお会いしました。朴大統領はお嬢さんとして育ち、父を支えて外交手腕を磨いた、親切で、素敵な女性でした。その後、来日した時には、安倍元総理など、会いたい人リストの中に1期目の議員だった私も入っていて、個人的にも意見交換をしました。彼女は、平和構築に興味を持っており、また父の時代のように、韓国が経済的発展をできないものかと意気込みを語っていました。ですから、彼女が接戦の末、大統領に当選した時には、彼女を推していた女性団体に招かれて、個人的な友人として、就任式に出席し、大きな拍手を送ったことが懐かしくよみがえってきます。ようやく、北東アジアに女性の宰相が実現したのです。

彼女は、どこで間違ったのでしょうか？

まず来歴を少したどってみましょう。1952年に朴正煕大統領と陸英修《ユクヨンス》夫妻の子として生まれ、妹と弟がいて、弟はビジネスマンとしてEGテック会長です。聖心女子中高を卒業し、西江大学校電子工学科を首席で卒業後、グルノーブル大学に留学しました。カトリック教徒であり、理系女子であり、また英語、フランス語、中国語も学んでいます。フランス留学中の1974年に、母が暗殺されて、急遽帰国し、父の大統領就任式から母に代わってファーストレディとして父を支えました。1979年に目の前で父が暗殺されます。その時に最初に発した言葉は、混乱に乗じて朝鮮民主主義人民共和国が侵攻することを懸念して「休戦ラインは大丈夫か！」だったそうですから、気丈な国家の指導者としての資質があるとみられていました。その後、台湾で名誉博士号を授与されます。

1998年に政界入りして、ハンナラ党の副総裁などの要職に就きましたが、2002年にはハンナラ党を離党。そして、北朝鮮の平壌を訪問し、金正日《キムジョンイル》と会見し板門店経由で帰国して、話題になりました。その後、ハンナラ党に復帰して、代表に就任。2004年の総選挙で惨敗が予想されていたハンナラ党を惜敗に食い止めたので、「ハンナラ党のジャンヌ・ダルク」あるいは「選挙の女王」と持てはやされました。そして、すぐ日本を訪問し小泉首相と会談。その折に、拉致被害者家族連絡会の横田滋さんとも会談しています。

その後、遊説中に暴漢に襲われ、耳下の骨に達する10センチの傷を負いました。このけがに対する韓国民の同情もあり、ハンナラ党は圧勝。しかし、2007年のハンナラ党内での大統領候補選で、李明博《イミョンバク》に敗れました。その後、2011年にはハンナラ党の党首に復帰。2012年にハンナラ党はセヌリ党に衣替えして、大統領選で文大統領に勝利し、2013年に大統領に就任しました。ここまでは、朴槿恵議員として縦横に活躍し、国際的にも注目を集めます。

韓国の大統領は、ほとんどが退任と同時に逮捕され、後に恩赦によって釈放されるのがあたかも自然の流れのように見えるほど理解しがたい光景ですが、在任中に逮捕されたのは彼女が初めてでした。また、現大統領就任中に恩赦で放免されるのも初めてのようです。

大統領に就任して、彼女は、「経済復興」「国民幸福」「文化隆盛」と「北朝鮮の核廃棄により平和で幸福な統一時代の基盤をつくる」という意思表明をしました。朴槿恵にとっての平和構築は韓半島の民族統一という、停戦中の両国を終戦に持っていき、東西ドイツのように統一したいという意味だったと納得し、同時に、拉致被害者の問題解決にもプラスであるので、その方向で動くのであれば、協力できるかもしれないと期待を持ったのも事実です。同時に、この構想は、運良く米・中・露の国連安保理の3ヶ国からも支持を得たので、彼女の外交力に期待もしました。

米国ではオバマ大統領と、中国では習近平国家主席と、ロシアではプーチン大統領と、そして英国ではキャメロン首相と会談し、あの小柄でおしゃれで、頭の良い東洋の女性大統領に皆さん魅了されたようです。この全方位外交で、北東アジアの平和と安定がもたらされることを韓国民も、そして日本人も期待していました。

また、2015年には、慰安婦問題の日韓合意にこぎ着けました。しかし、これも後に判明したところでは、10億円に上る解決金を担当者である特定の女性が私的に利用していたことが判明しました。

国内政治においても、「国民幸福10大公約」という魅力的な構想を発表していました。しかし、その実現に邁進《まいしん》するような、親身になって支えてくれる側近がいなかったのでしょうか？

2013年の調査では、国民の53％が支持しています。特に、北朝鮮政策は80％が支持していました。それだけ期待が大きかったのでしょう。しかし、2014年のセウォル号の事故の時に7時間も姿を現さなかったことは、大きな不信を生みました。2016年、側近の不正が暴露され、妹が批判したことも影響し、支持率がなんと5％となりました。そして、2017

年には大統領罷免となります。彼女自身が私腹を肥やしたわけでもなく、不正をしたわけでもないし、発表した政策は的を射ていますが、政策をきちんと実現していくのに必要な、大統領として大統領府を動かす人を使う力が不足していたのではないかと推測しています。側近として信頼していた人物が実はとんでもない、自分の私腹を肥やすために、彼女を最大限に利用したのですが、そういう人物を見抜けなかったのかと残念でなりません。サッチャーやメルケルとの大きな違いは、サッチャーのそばにはデニス氏が、メルケルの隣にはザウアー氏が常についていました。彼らはもしかしたら、彼女たちを「守る眼」となっていたのかもし

朴槿恵と著者

れません。

実は、今回大統領に立候補すると表明した妹も、日本に何度か来ています。私も縁あってお会いしたことがありますが、「姉と違って、私は政治にはかかわりたくありません」と明言していました。そして、暗殺された母親が力を入れていた慈善活動を熱心に推進していた印象があります。また、弟ともあまり良い関係を築けていなかったと仄聞《そくぶん》していますが、そのあたりで、やはり家族がサポートしていたら、結果は違っていたかもしれません。なぜ、妹が大統領選に手を挙げようとしたのか？　理由はこれから明らかになるでしょうが、現政権への不満と、朴一族への期待が韓国民にはまだまだ根強いのでしょうか。

いずれにせよ、とても残念なことになってしまいましたが、朴槿恵さんは、これからは療養して心穏やかに過ごしてほしいと願っています。

それぞれの国で女性や子供の支援をするロイヤルズ（王室）

世界の王室は、積極的に国民のために働いています。ヨーロッパの王室は、現在では、ほぼ親戚同士と言っても過言ではないほどに、お互いの関係が深まっています。しかし、近年は王室同士の結婚はまれで、英国のキャサリン妃のように351年ぶりに一般国民から王室入りする妃がほとんどです。時には、デンマークのメアリー皇太子妃のように外国籍の女性もいます。また、ヨルダンのラーニア王妃のように民族の違う王妃もいます。そのような王室の現状を反映して、その王妃や皇太子妃たちは、国民のために、あるいは国際社会のために貢献することが公務の大きな部分を占めています。他方、日本の皇室のように国民と触れ合う機会がまれにしかないのは、少数派といえましょう。そのような現状ですので、活躍するロイヤルズの何人かを、特に日本との縁ということに重点を置いてご紹介したいと思います。

18 それぞれの国で女性や子供の支援をするロイヤルズ（王室）①
モーザ・ビント・ナーセル・アル＝ミスナド首長妃（カタール）

最初にお会いした時には、ドーハでの正式な対談でしたので、王妃もスーツに身を包み、長身ではありますが、地味な印象でした。しかし、話し始めると、カタールの未来のためにエネルギー依存から脱却できるように、若者には、医学、物理、先端技術をドーハに創設した「Education City」で学ばせたい旨、流ちょうな英語で切々と述べていました。さらに、「中東においても女子教育は非常に大事なので、その教育機関も稼働を始めた」ということでした。「王妃」という肩書ながら、私が文科大臣と話しているような気持ちになるほど、教育へのビジョンと、実現に向けての道筋、不足している内容などについて、きっちりと明確に話されたのです。そのイメージで、来日の際もお会いしました。今度は全く別なビジネスに関しての会議に出席されたのですが、高い身長を生かしてラメのロングドレスにおそろいの頭飾りを着けて、颯爽と歩く姿は、一流のファッションモデルも顔負けかと思われるいでたちでした。ビジネスはエネルギーや貿易に加え、女子のためのファッションビジネスも含まれていました。ヒジャブを着けなければならない国内の若い女性たちに、イスラムの規律を侵さない範囲での自由なファッションを編み出したのです。彼女は、生い立ちからも、カタールをイスラムでありながら、民主的な社会を築くという使命を帯びて、国内と海外で活躍し続けています。是非、応援したいと思う王妃です。

カタールでは、「民主主義と自由貿易」というタイトルで、英米をはじめ世界各国から数百人の学者・国会議員・専門家を集めて、数日間にわたる国際会議が開催されていました。私は、大学人として、何度かスピーカーとして招かれていました。初めての招待出席の時、国際空港に到着してＶＩＰルームに案内された際に、私だけ別の部屋に通されました。そこは、壁紙もじゅうたんもピンクで、女性用のＶＩＰルームでした。私はカタールに行くまでＶＩＰルームが男性用と女性用に分かれているとは思ってもいませんでしたので、その時の印象は今でも強烈に残っています。もっとも、女性のスピーカーもほとんどいませんでした。

２００６年にカタールで開催されたこの民主主義と自由貿易国際会議で、大学人と外務大臣政務官と両方の視座からスピーチをしました。加えて、外務大臣政務官として文化・教育に関する意見交換をモーザ首長妃と、また日本とカタールの天然ガスに関する意見交換をアティーヤ副首長としました。もちろん、その他、いわゆる「Education City」、石油精製施設、アルジャジーラなど、カタール独自の政策を反映する施設等を視察しました。

モーザ首長妃はモデルのような容姿で、いつもファッショナブルな衣装をまとっています。夫のシャイフ・ハマド・ビン・ハリファ・アール＝サーニー首長と共に、世界各国を訪問しても、常にメディアの注目の的となっているモーザ首長妃はどういうことを話されるのだろうかと、少し不安に感じていました。ところが、実際にお会いしてみると、長身で、おしゃれで、知識豊かで、しかも、英語で絶妙な受け答えをする美しいモーザ首長妃にすっかり魅せられてしまいました。

特に、アラブの人々が欧米の後塵を拝するのではなく、民主主義的な選択のできる教育、文化、街づくり、そして、女子教育と職業訓練に、彼女の強いこだわりを感じました。そして、これらが父親が実現したかった進歩的な社会だったのではないかと推察しました。天は二物を与えずといいますが、モーザ首長妃はいくつもの秀でた才能を発揮しているまれな存在です。しかも、中東アラブの国で、女性がこれだけ活躍することは滅多になく、首長が第2夫人である彼女を世界のどこにでも同伴するわけが納得できました。7人の子供の母親であるので、子供の教育、特に女子教育について熱心であることも納得できました。

科学技術教育や医学教育が、まだカタールでは十分ではないので、カタール大学の学長である伯母と協力して、ドーハに「Education City」を創設しました。実は、日本の大学も進出するはずなのですが、一向に実現する動きがないそうです。他方、米国はカーネギーメロン大学やジョージタウン大学など、医学や科学技術などの分野の大学が進出して、カタールのみならず、近隣諸国からも学生が殺到している現状を見ると、なぜ天然ガス開発で大きな貢献をした日本が、大学の進出に尻込みするのかが理解できないと言うのです。モーザ首長妃は日本の文化に興味があるので、そのEducation Cityのデザイン・建築は日本人の建築家に依頼したそうです。また、そこに女学校を開設したところ、カタールの富裕層のみならず、多くの近隣諸国の子女たちが進学しているとのこと。できれば、アラブの文化と西洋文化のみならず、日本を含むアジアの文化も若者に学ぶ機会をつくりたいという熱い思いを語ってくれました。

私は帰国してから、名前の挙がった大学や文科省にもその旨を伝えましたが、結局は採算の問題が障壁となり、実現できませんでした。ここに日本の大学が進出していれば、アラブ首長国連邦とは別の意味で、中東に対する影響力を持てたのにと残念に思いました。なぜなら、政治的影響力は外交だけではありません。カタールは、アラブ首長国連邦に入らずに、部族独自でバーレーンから独立して国をつくりました。その歴史を見ても、独自の考えを持って、独自の世界観で種族の繁栄を考えている国で、中東戦争の時も、中立的な外交を展開してきました。日本は、天然ガスの開発に中部電力を中心に9企業が全面的に支援した歴史を、日本政府としても評価し、大事に考えるべきだと思います。

2014年、モーザ首長妃はカタール財団の総裁として来日しました。その時には、メタリックなラメ入りのドレスなど、人目をひくファッショナブルな装いで、モデルのような動き方でした。しかし、経済もしっかり勉強してきているので、男性がほとんどの日本の経済関係者は「すごい!」「すごい!」とため息交じりに言って、すっかり圧倒されていたことを思い出します。

そのカタールを外交面でも支えるモーザ首長妃は、どのようにして、美と智を身に付けたのでしょうか？　1959年にカタールで生まれました。彼女の父親は、有名な反首長派の活動家でした。一時逮捕されましたが、出所後、1964年に首長のアフマド・ビン・アリ・アール＝サーニーから追放処分を受けて、一族でクウェートに移住します。モーザ首長妃が5歳の時でした。その後、カタールはサーニー一族の支配が続きましたが、クーデターにより首長が何度も交代しました。1977年に直近の家族だけ連れて、父ナセルはカタールに戻ります。その年に、モーザ首長妃は18歳で父の政敵ともいえるハマド・ビン・ハリファ・アール＝サーニー首長に嫁ぎました。その結婚はハマドが王位を継承してすぐの時でした。うがった見方をすると、父ナセルと首長家との和解の証がこの結婚で象徴されたのではないかといわれています。なぜかというと、その後、カタールはクーデターもなく、反政府運動もなく、平和で発展した国として進んでいるからです。

モーザ首長妃は、第2夫人として7人の子供を生みましたが、同時に、自分を磨く努力もしました。1986年にモーザ首長妃はカタール大学で社会学の学士号を取得、そしてハマド・ビン・カリファ大学でイスラムにおける公共政策の修士を取得します。モーザ首長妃は、首長に嫁いでから、着実に自分を磨き上げていったのです。その努力を考えると、天が二物も三物も与えることもあると思えてきますが、多くの場合は、努力で勝ち取っていると言えるでしょう。

1995年にモーザ首長妃は、教育、科学、都市開発のためのカタール財団を創設します。さらに、アラブ財団の理事長などの要職を務めていますが、彼女はアラブの国としては例外的に、政治的な側面での成果も上げています。例えば、先に述べた「Education City」の設立や「アルジャジーラ子供チャンネル」の設立など、カタールの内政にも大きく寄与しました。また、アラブ国家の中でカタールが最初の女性閣僚を生み、女性が車を運転するのをいち早く解禁したのもモーザ首長妃の後押しがあってのことといわれています。同時に、実業家としてもフランスのヴァレンチノや皮革製造会社を買収し、またファッションアイコンとしてもイスラムのルールから外れないおしゃれな洋服のデザインや、女性のための服のデザイナー養成など、多くの資金的な助成をしてきました。フォーブスの「世界で最もパワフルな女性100人」にも選ばれ、国連とも協力して、教育や児童問題に力を入れています。

一番の気がかりだった、首長の跡継ぎ問題でも大成功でした。実は、ハマド・ビン・ハリファ・アール＝サーニー首長は、当初、第1夫人の2人の息子を取り立てていたのですが、期待にそぐわなかったので、次に第2夫人であるモーザ首長妃の長男、そして次男を取り立てました。残念ながら、この2人とも期待に沿えず、カタールでは後継者問題が深刻になった時期がありました。しかし、2013年に、モーザ首長妃の次男であるタミーム・ビン・ハマド・アール・サーリーが継承しました。一度NOと言われた次男が即位したのです。彼女のことですから、一所懸命後継者の育成にも励んだ成果だろうといわれています。ですから現在は、正確には前首長第2夫人ですが、それまでと変わりなくモーザ妃と呼ばれています。

その美貌と知的、政治的実力、そして後継者の育成と、まさにすべてを手にしたように見えるモーザ妃は、アラブの女性と子供たちの民主化のために、国連とも連携して、もう一仕事するのではないかと期待が膨らみます。また、美しく、品良く、年を重ねる姿もきっと、アラブのみならず、全世界の女性たちに素敵な刺激を与えることでしょう。

19　それぞれの国で女性や子供の支援をするロイヤルズ（王室）②

ラーニア・アル＝アブドゥッラー王妃（ヨルダン）

ラーニア王妃が初来日された時、当時の駐日ヨルダン大使が、4人のお子さんも手を離れるころなので、日本の女性たちとの意見交換会が王妃の今後のヨルダンにおける活動に役立つものと確信して、私に相談してくれました。きゃしゃで小柄な美しい王妃でした。何よりも、ヨルダンにおける女性の活躍の機会をつくりたい、そのためには教育を普及させたい。そして、ヨルダンの子供のために教育制度や環境をつくりたいという強い情熱をお持ちで、その意気込みに押されてしまいそうな熱心さでした。アブドゥッラー国王が見初めただけあって、素敵な女性でしたが、さらには、ヨルダン・ハシュミットという伝統のある王室に嫁いだパレスチナ人という偏見とひそかに闘ってきた芯の強さもお持ちです。

もともとはシティバンクで働いていたので、4人のお子さんたちがすくすく育ってからは、国内や海外での王妃としての活動を本格的に始められ、高く評価されています。ダボス中東会議の時には、堂々たる立ち居振る舞いで、おしゃれにも意を用い、押しも押されもせぬヨルダン王妃となっていました。この国王とこの王妃がいて、ヨルダンはパレスチナとイスラエルのどちらともバランスを取りながら、中東の平和と安定のために努力しているのだと感じています。イスラエルともパレスチナとも縁をつなぐ日本にとっては、大事な存在です。

2006年のことでした。ヨルダン国王が来日する際に、ラーニア王妃も同行し、公式行事の合間を縫って、女性の国会議員、大学人、ビジネス関係者の方々と意見交換したいとの要望がありました。ラーニア王妃は、ヨルダンで女性の支援をしたいので、実践している人たちと直接意見交換をしたいということでした。人数は20人ほどで、時間は2時間くらいで設定を頼まれました。実は国会議員として、私は予防外交や平和構築に尽力してきましたので、イスラエル、イラン、パレスチナの大使たちともよく意見交換をしてきました。特に、同じように中東の和平を目指しながら、地道な努力を続けているヨルダンとは緊密に討議を重ねていました。

もっとも、私がヨルダンに興味を持つようになったのは、大学生の時です。寮生活をしていましたので、東京に住んでいる母方の祖母を毎週末訪ねていました。祖母は慶応3年生まれで90歳を超えていましたが、その当時の老婦人としては珍しく、大きな丸い虫メガネを片手に持って新聞を読むのを日課としていました。ある時、新聞を見ていた祖母が「アキコ、今、ヨルダンがどうなっているか知っているの？　大学で国際関係のことを勉強しているなら、大事な国だからしっかり調べておかなければね！」と言ったのです。私は、すぐにこたえられず、大学の寮に戻ってから、第三次中東戦争を含め、イスラエルとパレスチナをめぐる歴史や当時の緊迫した状況を学ぶことになりました。それは、平和構築に深くかかわるようになったきっかけともなりました。

さて、ラーニア王妃からの依頼を受けて、私は、いろいろな分野の専門家で、しかも、きちんと話ができる国会議員、大学人、そしてビジネス関係者をリストアップしました。もちろん、司会は私が引き受けて、出席した人全員が、自分の経験や意見を発言し、しかもラーニア王妃が十分に質問できる時間配分しました。非常にスムーズで、当のラーニア王妃も多くの質問をして、ご自分でメモを取っておられ、大変満足していただきました。ラーニア王妃の背景もきちんと調べたうえで、彼女がヨルダンのために貢献できる礎となれる意見交換会でした。帰国後、実際にいろいろなチャレンジをされています。

一つ、とても感心したのは、お礼状とともに、毎年、家族写真を送ってくださったことです。その時、準備をした政策秘書の息子にも、同じように5年間家族写真を送ったそうです。ヨルダン国王とラーニア王妃には4人の子供がいますので、毎年ヨルダン王家の家族の成長ぶりが手に取るようにわかります。

ラーニア王妃は、1970年にクウェートでパレスチナ人の医師の家に生まれました。カイロアメリカン大学で経営学を学びましたが、1990年にイラクがクウェートに侵攻したために、一家はヨルダンに移住しました。そして、翌年から、アンマンにあるシティバンクに勤めました。そうしているうちに、知人のパーティでアブドゥッラー国王と出会います。その後、半年の交際を経て1993年に結婚しました。

ヨルダンの王家は、イスラム教開祖のムハンマドの子孫であるハーシム家で、由緒正しい権威のある王家として知られています。そのため、エルサレムの岩のドームの警備はヨルダン国王の警護官の役割となっています。もちろん、イスラエルもそれは承知のうえで、ヨルダン国王の警護官の墓守を許容しているといわれています。そのような由緒ある王家に、パレスチナ人の子女が嫁ぐことは、許容できない王族も大勢いたことでしょう。この結婚は、アブドゥッラー国王の強い決意によって可能となったといわれています。

ラーニア王妃はそのような背景を十分承知しており、国内で女性のための職業訓練学校を設立したり、児童虐待防止計画を推進したりと尽力されています。女性や子供という社会的弱者の地位向上のために貢献し、また2007年からは、国連のUNICEF親善大使としても、子供の地位向上のために寄与しています。

外交面での貢献も大きいのですが、同時に海外でもその美貌と知性から中東一のクレバーな女性と呼ばれています。近年はファッションリーダーとしても国内外で人気が高く、またその社交的な性格から広い人脈を海外でも有しています。欧米では特に中東の女性への一種の憧れも強く、ラーニア王妃やモーザ首長妃は常に欧米のメディアの注目の的です。ラーニア王妃は国内でも、特に女性には人気が高いのですが、これまでヨルダン王室を守ってきた自負のあるベドウィンの有力部族からは、王妃が内政にかかわりすぎるという批判の声が上がっています。今後もラーニア王妃は、伝統と新たな時代のチャレンジの中で、バランスを取りながら、ヨルダンの社会的弱者のために貢献することを期待しています。

さて、2015年に、中東・北アフリカ世界経済会議がヨルダンの死海に面したホテルで開催されました。私は、この会議に招待を受けて出席しました。この時は、ラーニア王妃とは直接お話しできませんでしたが、アブドゥッラー国王が覚えていてくださいました。その時に、10年前には頭髪がクルクルのアフロヘアに伊達メガネを掛けていた長男が、今や米国のジョージタウン大学に留学中で、立派に成長していました。国王は自慢げに「これが長男のフセイン王子です」と紹介してくださいました。自分と同じ大学へ留学しているので、誇らしいのでしょう。

この中東・北アフリカ世界経済会議には、エジプトのシシ大統領やパレスチナのアッバス議長も出席していました。アブドゥッラー国王はシシ大統領を私に紹介してくれて、「アベ（安倍）のフレンド！」と説明していました。シシ大統領はなかなか肝の据わった軍人と拝察しました。豪快な笑い声を響かせて話していました。他方、パレスチナのアッバス議長は、以前イスラエルのハイファのゴルダ・メイア記念女性大臣会議の折に、パレスチナも訪れてお会いしていました。たまたま、30人ほどのメディアに囲まれて歩いてきたので、私は横にちょっと道を譲りましたが、彼はそれを目ざとく見つけて、私に手を振りました。すぐにメディアが「知り合いですか？」と尋ねましたら、「もちろん！」と答えていました。

ヨルダンは、パレスチナからの難民・移民が250万人以上暮らしていますし、シリア難民も150万人以上といわれています。8万人以上が暮らす最大のザアタリ難民キャンプも訪ねました。国連関係者から話を聞きましたが、トタンぶきですが住宅も整っており、水場も完備していました。そして小学校も開校していたので、それなりに街らしくなっていました。ところが、キャンプの外側にあるヨルダン人の貧しい住宅には、キャンプにあるような給水塔もありませんし、店もキャンプ内のほうが品物がそろっています。この状態を見ると、ヨルダンの国民を犠牲にして、難民を優遇しているという不満が出るのも、十分理解できます。実際は、難民キャンプは国連などの資金が投入されていますが、ヨルダンの国民にはそのような手当はありません。国連は、難民を受け入れている国に何らかの手当をするなど、難民受け入れに対する社会批判を起こさせないための配慮・対応が必要かもしれません。

ヨルダンの注意深い全方位外交は、日本としても大事にし、連携したい国です。ヨルダン王室と日本の皇室も良い関係であってほしいですし、またラーニア王妃の思いがヨルダン国民に伝わってほしいと思います。そして、パレスチナ難民の問題が、イスラエルとの関係で良い方向に向かうことを願っています。

20 それぞれの国で女性や子供の支援をするロイヤルズ（王室）③

メアリー・エリザベス皇太子妃（デンマーク）

品の良いおしゃれでスマートな皇太子妃です。雰囲気が英国のキャサリン皇太子妃ととても似ていて姉妹かと思える感じです。しかも、彼女はＯＥＣＤフォーラムで基調講演をされるほど、国際社会に訴えるような中身のある講演のできる方です。さらには、デンマークにおける女性の働く環境や子供の教育に熱心に取り組んでおられます。婚約から結婚までの2年足らずの間にデンマーク語をほぼ完璧にマスターしたといわれているほど、デンマークのために、フレデリック皇太子の思いにこたえる努力家でもあります。１７０センチはあろうかと思う長身ですが、威圧感はなく、その優しい人柄がにじみ出ている接し方です。２０２１年にコロナに感染した時にもお見舞い状を差し上げたところ、丁寧なお礼状が来ました。実のある方です。今後ヨーロッパの王室は、ますますオープンになって、彼女のように働く皇太子妃が増えてくることでしょう。その欧州型の王室の先駆者としてさらなるご活躍を祈りつつ、またお目にかかれる機会を楽しみにしていると申し上げてもいいような方です。

２０１７年6月にパリでＯＥＣＤフォーラムが開催されました。私はスピーカーとして招待されていましたが、そのオープニングスピーチはデンマークのメアリー皇太子妃でした。このフォーラムのタイトルは「How can we bridge divides to build more inclusive societies？（より包括的な社会をつくるために分断された人々にどのように橋を懸けることができるでしょうか？）」でした。基調講演の時に、メアリー皇太子妃はノースリーブでボートネックのさらりとした濃紺のワンピース姿で登壇したのですが、配慮の行き届いたスピーチの内容で、現実の社会で生じているさまざまな二極化にどう橋を懸けてつないでいくかということに、ご自身の体験を交えながら話されました。皇太子妃として、このようなスピーチはずいぶん経験されていると思いましたが、日本では、皇室の方々はちょっとした挨拶程度であって、これほど長いスピーチはほとんど拝聴したことがありません。なるほど、ヨーロッパの王室はずっと開けているのだと実感しました。特に、子供や女性の置かれている環境に、強い関心をお持ちであることも拝察されました。もっとも、美智子上皇后が、１９９８年の第26回ＩＢＢＹ（国際児童図書評議会）ニューデリー大会に美しい英語で内容の深いスピーチをされていますが、この時も、直接のご出席はかなわずビデオでの出席でした。

さて、私の登壇するセッションの打ち合わせの会がありました。その時、担当者から「メアリー皇太子妃がいらっしゃいますが、15分程度座って聞いたら、次に移りますので、そのつもりでご承知おきください」と言われました。さて、セッションが始まり、ちょうど私のスピーチの時に入ってこられて、1列目の真ん中の席に座られました。ところが、15分たっても、20分たっても、席を立たれずに、私たちのディスカッションやフロアからの質問に答えている間も、じっと座って見ていらっしゃいました。終わって、舞台から降りると、「あなたのスピーチは本当に面白く、興味深く聞きました」と話しかけてくださったのです。そして、「日本の方ですよね。今年の秋に、日本とデンマークの外交関係樹立150周年で伺いますので、その時ゆっくりと話しましょう。きっと、何か一緒にできると思いますので……」とおっしゃいました。身に余る光栄でしたが、公式行事で皇太子及び皇太子妃が来日されると、分刻みのスケジュールになるのは目に見えていますので、お顔合わせができたら幸いと思うことにしました。

このように素晴らしい基調講演をされ、しかも、ご自分の意思でしっかりと判断される皇太子妃は、とても魅力的です。

メアリー皇太子妃は1972年に、スコットランド系オーストラリア人で数学者の父親の下に生まれました。地元タスマニア大学で法律と商学を学び、その後、メルボルンに移って、修士号を取得した後、シドニーの広告会社や不動産会社に勤務しました。2000年のシドニー五輪の時に、シドニーのパブで、フレデリック皇太子が、入ってきた美しく聡明《そうめい》なメアリー妃に一目ぼれして声を掛けたそうです。その時、皇太子は「フレディ」とだけ名乗ったので、皇太子とは思ってもみなかったそうです。周囲の人々から、「フレディ」はデンマークの皇太子と聞かされ、びっくりしたというメアリー妃。

その後は、遠距離恋愛で、皇太子が折々シドニーを訪れたそうです。2002年にメアリー妃はパリに移り住みます。その翌年にはデンマークに移り住んで、現地のマイクロソフト社に就職しました。互いに時間を掛けて、確かめ合った結果、2004年に結婚。デンマークの国民は、デンマーク王家の跡継ぎがオーストラリア人と結婚することに大反対でした。しかし、わずかなデンマーク生活の中で、メアリー皇太子妃は驚異的な速さでデンマーク語をマスターします。結婚式のころには、ほぼ完璧なデンマーク語を話したので、デンマーク国民はその努力と能力にすっかり魅了されて、この結婚を祝福したというエピソードが伝えられています。今では、4人の子供の母親でもあります。

さて、2017年の秋に、いよいよデンマーク皇太子ご夫妻の来日となりました。案の定、皇太子ご夫妻の日程は分刻みの公式行事が組まれていて、皇太子妃の自由な時間を取るのは難しいと駐日デンマーク大使から連絡がありました。そして、「どうしても皇太子妃がお会いしたいとおっしゃっているので、すみませんが、晩餐会《ばんさんかい》の時に、お時間をつくっていただけませんか？」ということでした。晩餐会は日本の皇太子ご夫妻とデンマークの皇太子ご夫妻、そして外務大臣ご夫妻に駐日デンマーク大使ご夫妻に加え、出席者は400人余という豪華な顔ぶれでした。そこでどのようにして、2人で話す機会をつくるのでしょう？　と疑問に思いながら、出席しました。すると、何十もある丸テーブルの1番テーブルには、先ほどのトップの方々、2番テーブルにはロイヤルではないけれどご縁のある有力者の席でした。そして、なぜか、私はその2番テーブルのトップの席に案内されました。そして、公式の挨拶などが終わり、食事が始まってややすると、駐日デンマーク大使が私の所に来て、「これから短いお時間ですが、よろしいでしょうか？」と言うのです。席を立って、大使の後を歩き始めると、隣の1番テーブルの皇太子妃が席を立って、こちらに向かって歩いてこられるではありませんか！　そして、1番テーブルと2番テーブルの間の、ロイヤルの方々が席まで歩いてきた広い空間で、皇太子妃と私と2人で立ったまま話をしたのです。

会場中から見える場所ですので、多分、出席者の皆さんは私のことを誰だろうといぶかったことでしょう。ちょっと恥ずかしかったのですが、それだけ、メアリー皇太子妃の思いが強かったということなので、私としては、もったいない機会を頂いたと思いました。そして、皇太子妃の誠実さが伝わって、胸が熱くなりました。

話の内容は、今後機会があれば、社会的弱者のことは言うまでもなく、予防外交的な自然災害にも強い街づくりなど、日本とデンマークで協力できる分野を検討しましょう、ということがメインでした。皇太子妃としての公務と国民、特に女性や子供のために、また、国際社会での奉仕活動など国と国民のための公私がバランス良くとれていて、まさにノーブレス・オブリージュを体現している方です。

実は私は、東日本大震災で多くの人命を失った宮城県東松島市の廃校になった小学校にキボッチャという名前を付けて、子供の防災教育に取り組んでいる元自衛官の女性の応援をしていることと、その縁で行ってみたら、東松島の市長がデンマークの皇太子が何度も訪れてくれて、子供たちとサッカーゲームなどをなさり、小中学生をデンマークに招待して励ましてくださって、感謝していると話していたこと、そして今度は恩返しにデンマークの小中学生を東松島に招く予定であることをお伝えしました。

さらに、オーフスでの環境大臣会議に出席した時のこともお話しすると、メアリー皇太子妃の父親が、タスマニア大学とオーフス大学の教授であることがわかりました。共通点がいろいろあって、メアリー皇太子妃はニコニコと笑みがあふれ、話が尽きることがありません。今後のことは、駐日大使を通して、具体的に検討することになります。15分ほど話したところへ大使がそろそろとやってきて、「お時間ですので、席にお戻りください」と促され、面談は終了しました。

ちょうど私は、2020年にロンドン、パリ、ストックホルムでアジアと欧州の対話の会議を企画している最中でしたので、デンマークでも何かワークショップができないかと準備を始めましたが、結局、欧州でコロナ禍が拡大したので、いったん休止となりました。実は、私がアドバイザーをしている札幌市が、デンマークとスマートシティのMOU（基本合意契約書）を締結することになっています。コロナ禍が一段落したら、環境大臣が署名に来るそうです。デンマークとのご縁は大切にしたいと思っています。

メアリー皇太子妃は、ヨーロッパきってのファッションリーダーとして有名ですが、実は、ワーキングプリンセス（働く皇太子妃）としてもよく知られています。彼女の場合は、オン（皇太子妃としての公務）とオフ（講演などの仕事）の切り替えが上手と高い評価を受けています。その意味でも、デンマークは北欧のシンボル的国家であり、環境問題及び福祉の先進国であり、レゴに象徴されるように、クリエイティブな子育てのできる国なので、その王室もまた、開かれた先進的なチャレンジを続けることでしょう。

メアリー皇太子妃とフレデリック皇太子は、とても素敵なカップルとして、デンマーク国民に幸せを与え、そして、世界に影響を与えていくことでしょう。これからのご活躍が楽しみでもありますし、いつか協力して、国際社会のために貢献できる日が来ることを楽しみにしています。

メアリー・エリザベス皇太子妃と著者

日本が誇れる女性

日本でも、平塚らいてうや市川房枝など多くの先人の努力があって、女性の参政権や人権などが一歩ずつ進んできた歴史があります。女子教育の分野では津田梅子も大きな足跡を残しました。しかし、ここでは、私が実際にお会いした3人の女性をご紹介したいと思います。

一人は、日本の国会で、女性初の官房長官をはじめ3つの大臣と2つの長官という輝かしい足跡を残した森山真弓さん、国際社会で活躍した国連難民高等弁務官の緒方貞子さん、そして、皇室において尊敬できる素敵な足跡を残され、これからも日本の皇室のあり方を自然体で示されながらご活躍いただけるとの期待を込めて、高円宮憲仁親王妃久子殿下を挙げたいのです。

21　日本が誇れる女性①

森山真弓官房長官

森山真弓先生は、大学の先輩ですし、また国会議員としても日本の女性国会議員のモデルとして尊敬できる方です。論理的で、しかも民主主義の根本をきちんと押さえていらっしゃるので、私欲なく、言動はぶれず、女性初の官房長官の時には、大相撲の内閣総理大臣杯授受の折に土俵に上がると言われて、結局は古いしきたりに阻まれたこともありました。選択的夫婦別姓には賛成でしたし、何より、物を大切にする方でした。例えば、私が普段やっていることですが、片面印刷の新聞の折り込み広告や、プリントアウトなどで失敗して使えない紙を小さく切ってメモ帳代わりにしていました。国会議員になっても変わらずにその姿勢を貫いていた方は、他に知りません。当然、古い冷蔵庫や、ご夫君の使われた事務机なども捨てずに使っていらしたのでしょう。今の国会議員の中で、そのような質素な生活習慣を続けている方はいるのでしょうか？　フードロスなどが叫ばれる今こそ、もう一度、森山先生の精神を見習って、物を大切にする日本の文化を見直したいと思います。また、足を骨折しても、約束だからと海外に行かれたのですが、私も同じ思いでギプスで海外に講演に行きました。憧れの先輩です。

森山先生には、1993年に藤田たき元津田塾大学学長が逝去された時、その葬儀で初めてお会いしました。キリッとした立ち居振る舞いで、喪服も襟のある比翼仕立ての、おしゃれですがスッキリとした印象でした。私はそのころ、国政と縁があるとは思ってもみなかったので、遠い世界の方に思えました。でも、とても丁寧で、親切で、藤田たき学長と私とのご縁をお聞きになっていたのが、今でも忘れられません。森山文部大臣の後任であった赤松良子《りょうこ》文部大臣も津田塾の先輩ですが、私と森山先生の話に加わられて、3人で本当に楽しい会話をさせていただきました。

実は、藤田たき学長には、結婚式の司式をお願いしたことがありました。それもご縁ですが、私よりも夫が気に入られて、大学の理事会で許可を得て、津田塾大学のチャペルで人前式を行い、ピロティで披露宴をいたしました。双方の友人たちや家族が頑張ってくれて、手作りの結婚式でした。ですから、学長を退任されて東中野に住んでいらした時も、折に触れて訪れました。子供たちがぶどう酒のブドウつぶしをお手伝いしたときのことが、藤田先生の著書『東中野日記』にも書かれてあり、可愛がってくださいましたので、ご葬儀に参列させていただいたという経緯があります。ちなみに、藤田たき学長は1975年の国際婦人年世界会議の日本の首席代表を務めた方です。

森山真弓先生は、津田塾から東大へ進み、大学3年の時に、森山欽司さんと結婚。大学を卒業して労働省の女性初のキャリア組で1974年には婦人少年局長となりました。国政では参議院議員3期、衆議院議員4期、環境庁長官、女性初の官房長官、文部大臣（当時）、法務大臣歴任の後、白鷗大学学長を務めました。こうした経歴を見ると、非常にできる女性で近寄りがたく感じますが、実は、親切で思いやりがあり、広い視野で判断し、自分の信念を貫く強さを持った方なのです。私欲は全くなく、バランスの取れた大人の政治家（ステーツマン）でした。

私が初めて衆議院議員になった時に、私のオフィスは第一議員会館２０１号室と決まりました。早速行ってみると、手前に小さなシンクの付いた12畳ほどの秘書室、ガラス戸で仕切られた奥にはやはり12畳ほどの議員室という間取りで、現在の議員会館の半分ぐらいのスペースでした。議員室には、あまり大きくない作り付けの書棚があり、机１つと電話器、これがすべての備品でした。コピー機も、ファックス機も、秘書の机もすべて自分で調達しなければなりません。

すぐに国会が始まるので、のんびりしてはいられません。スライド式の書架を注文し、コピー機やファックス機はリースで間に合わせました。他に必要な物は、自分用と秘書用のパソコンです。1年待てば衆議院から支給されると言われても、国際関係の資料の入手やEメールのやり取りを考えると、懐具合は苦しくても入手が急務でした。そのようなわけで、事務所を立ち上げるのに四苦八苦していたある日、地下廊下のエレベーターの所で、大学の先輩である森山真弓さんにばったりとお会いしたのです。「あら、ちょうど良かったわ。連絡しようかと思っていたのよ。あなた、冷蔵庫買った？」。正直、冷蔵庫が必要ということが頭にはありませんでした。

「いいえ、そこまで頭が回っていませんでした」と答えると、「そう。実はね、私が当選した時からずっと使っていた冷蔵庫と机があるのよ。今度、参議院から衆議院へ移ったでしょ。それで会館も移って、新しい冷蔵庫も手に入ったものだから、ずっと使っていたのが余ったのよ。まだちゃんと使えるから、捨てるのももったいないし、誰か使ってくれる人いないかしらって考えていたら、山中さんのことが思い浮かんだのよ。どうかしら、あなた使ってくださる？」とおっしゃるのです。「よろしいんですか？」。藤田たき先生の葬儀でお会いしてから3年後のことでした。

私のことを覚えていてくださって、お声掛けいただき親切にしてくださる、先輩って本当にありがたいと胸が熱くなりました。考えてみれば、森山さんは環境庁長官、文部大臣、女性で初の官房長官など、大臣をいろいろされた方、そうした要職を歴任しての16年間を、ずっと同じ小さな冷蔵庫を大事に使っていらしたのです。その質素で堅実な姿勢と、要職をこなしてきた実力に思いをめぐらせると、頭が下がり、ますます尊敬の念が深くなりました。

早速、ココア色のプラスチックの天板の付いた薄いベージュの小さな冷蔵庫を、台車に載せて森山さんの第二議員会館から私の第一議員会館に2人で運びました。一緒に頂いた事務机は、ご夫君の欽司さんが亡くなるまで使っていらしたものだということでした。丁寧に拭いてドアの横に据え置いた小さな冷蔵庫は、その日からわがオフィスの宝物になりました。

森山さんは1927年に生まれて、当時の津田塾専門学校に入りました。実は戦時中は、英語は敵国語であるということで、普通に英語の授業ができず、防空壕《ごう》の中や夜中に英語の勉強をしたそうです。ネイティブの講師もいないので、発音は、レコードを聴くなど苦労したと話していました。

最終年になったころ、中根千枝さんなど何人かの同級生が、一所懸命勉強していたのだそうです。卒業を控えてなぜそんなに一所懸命勉強しているのだろうかといぶかしく思って聞いてみたら、それまで、女性の入学が許されていなかった国立大学がようやく、女子に門戸を開くので、受けてみようということになって頑張っているのだとわかったそうです。中根さんは東大の文学部を目指すし、山崎さん（後の日本文学教授）は東北大の日本文学を目指すと、それぞれが目指すものがあって、努力していたのですが、それを知って森山さんも受けてみようかという気持ちになったのだそうです。

そこで、中根さんに「私も東大の文学部を受けようかしら？」と相談したところ、「今からでは、文学部へ合格するには守備範囲が広くて勉強量が多すぎるから間に合わないので、あなたは法学部を受けたほうがいいんじゃない？　法学部の受験勉強なら、決まったことをきちんと勉強すれば、今からでも間に合うと思うわよ」との返事だったそうです。そこで、森山さんは法学部を受けることにして猛勉強したそうですが、法務大臣になられてオフィスに招いてくださった時に、「今から考えると法学部に入っていて本当に良かったわ。中根さんに感謝、感謝！」としみじみおっしゃって、ニコッとほほえまれたのが印象的でした。

森山さんは、国会津田会を何度か計画されました。場所は、いつも「村上開進堂」。なぜかというと、津田塾大学の前身の女子英学塾は、津田梅子が開いた時は現在の千代田区一番町で、昔のダイヤモンドホテルがあったところだそうです。そこに、同窓生と一緒に「津田塾発祥の地1900」という石碑を置いたという経緯を話してくれまして、それを一緒に見に行きました。数十センチの横幅に20～30センチの縦の長さ、そして厚さは10センチくらいの黒っぽい御影石《みかげいし》の石碑がありました。ちょっと通っただけでは、誰も気づかないように遠慮がちに埋められていましたので、交渉は難航したのだろうと想像できます。

村上開進堂はそのすぐお隣でした。国会津田会というと大人数を思い浮かべがちですが、当時は女性国会議員は非常に少なかったので、同窓生が5人いるというのは結構多人数でした。森山さんは最初に参加を誘う時に、「自民党、新進党、公明党、社会党って、皆バラバラの政党に属しているのよ。津田らしいでしょ?」とうれしそうに話していました。異なる視点や異なる考え方、そして異なる政策を持っている人たちが、議論しながら国の政策を決めていくのは民主主義の基本です。なんて視野の広い人なのでしょう、とびっくりしました。

そして、「誰かにおもねるために、自分の考えを変えては駄目よ。数の一人としての存在なら、あなたである必要はないのですから」と、基本的な立ち位置に関するアドバイスをしてくださいました。その後、特に女性は大物の男性議員に気に入られるかどうかで、引き立てられるかどうかが決まるような現実に接して、森山さんがおっしゃっていたのは、こういうことかと納得しました。ですが、政治的背景も基盤もなく、すなわち、カバンも看板もなく、自分の力で評価される仕事をするのは、その時代、特に覚悟のいることでした。

そんな勝ち組の森山さんですが、3人のお子さんがいて、長男の太郎さんは、欽司先生の後を継いで衆議院議員になると家族皆が考えていたようですが、高校生の時に柔道の試合で首の骨を折り、亡くなりました。本当に無念だったでしょう。著書を私にくださいましたが、子供への思いは本当に深いものでした。亡くなった息子さんの話は滅多になさいませんが、その話の時には、いつも涙がこぼれ落ちそうなつらい表情になっていました。でも、娘さんが2人いて、そばで暮らしているので、「孫と遊んだりすると、忘れられるのよ」とおっしゃっていました。

考え方は、リベラルに近い保守派ですので、多分、センターライトかなと思います。選択的夫婦別姓には賛成でしたし、女性の地位向上には非常に熱心に努力されました。1985年の国連婦人の十年ナイロビ会議の日本の首席代表が森山真弓外務政務次官でした。

日本では、この会議に間に合わせるように「雇用の分野における男女の均等な機会及び待遇の確保等女子労働者の福祉の増進に関する法律」という長い名前の法律を成立させました。この法律は、実は1972年に公布された「勤労婦人福祉法」を改定したものでした。しかしこれは、罰則のない努力目標的な法案で、先進国であるヨーロッパの法律と比べザル法と揶揄されました。その後も改定を繰り返し、1985年にようやく「男女雇用機会均等法」となりました。一度で、パーフェクトな法律が立案できれば一番望ましいのですが、現実の既得権益やそれによる不利益をこうむる向きも当然あるわけで、この男女雇用機会均等法のように、改正を重ねていくのは日本的方法かもしれません。

ご夫君の欽司さんの趣味はカメラ・写真でした。森山さんが公務で海外出張中に、突然亡くなったそうです。欽司さん亡き後、日本カメラ博物館を継承発展させました。集められていた各時代のカメラや海外のカメラを陳列した博物館らしいのですが、新しい試みとして、いろいろなタイトルで写真展を開催しています。そして、森山さん自身も写真を始めて、とてもうれしそうに見せてくれたのが、飛行機の機上から撮った富士山の全景でした。素人が一度で撮影できるレベルとは思えませんでしたが、「普通のカメラで一枚撮ってみたら、引き伸ばしてもこんなにピントが合っていて、自分でも驚いたのよ」と一言。それから写真が趣味の一つに加わったそうです。この日本カメラ博物館は、実は、村上開進堂の斜め向かいで、元の津田塾所在地のすぐ裏手にあります。その意味でも、この場所は、思い出の場所として大事にされていたようです。

津田梅子の五千円札の発行を見ないで逝去されましたが、やはり津田塾出身で、森山さんの後に続いて東大に行かれ、文部大臣も引き継がれた赤松良子さんいわく、「森山真弓さんは大津田よ！」。

森山真弓官房長官と著者

緒方貞子国連難民高等弁務官と著者

22　日本が誇れる女性②

緒方貞子国連難民高等弁務官

緒方さんは、米国でお会いした時はとてもリラックスして、本音で話してくださいました。それも、大事な単語は英語でした。なるほど、国連などで長くお勤めでしたから、日本語に訳してうまくニュアンスが伝わらないよりは、英語で伝えるほうが確実だと思われたのでしょうし、また、自然に英語が出てきてしまうのでしょう。ですから、米国でお話しした緒方さんの、率直でわかりやすいという印象と、日本でお会いした時の、考えながら言葉を見つけている緒方さんの印象は全く異なりました。どちらも本物の緒方貞子さんでしたが、最初にお聞きした英語のスピーチの印象が強烈に残っていましたので、私には、米国でお会いした緒方さんが本音をおっしゃっていたと感じました。国際的に通用するスピーチと、日本で評価されるスピーチは異なるものです。緒方貞子さんから、英語の発想で英語でスピーチすることと、日本語の発想で日本語のスピーチをすることは、分けて考えて、分けて準備しなければ通用しない、ということを学んだ気がします。

１９９５年に、ＩＦＵＷ（当時の国際大学婦人連盟）総会が横浜で開催されました。テーマは「女性の未来は世界の未来―生存と進歩のための教育」というものでした。この大学婦人協会というのは、現在は、大学女性協会となっていますが、1919年に、米国・英国・カナダの大学卒業の女性によって設立された会です。日本では、1946年にお茶の水女子大、日本女子大、津田塾大、奈良女子大、神戸学院大、同志社女子大、聖心女子大、東京女子大の8女子大学の卒業生で組織されました。もちろん女子大出身者に限るべきではなく、後には、共学の大学の女性卒業生も入るようになりました。初代会長は、津田塾大の藤田たき先生でした。

1995年の横浜世界総会の時の会長は聖心女子大の青木怜子教授でした。私はVIP担当に配属されましたので、世界の素晴らしい女性の方々のお世話をすることで大いに勉強させてもらいました。さて、その世界総会のハイライトは、3人の聖心女子大の卒業生の競演でした。まず、青木怜子会長がきちんとしたネイティブのような米語で挨拶をしました。そして、前年に国連難民高等弁務官に登用された緒方貞子さんが登壇しました。皆注目して見ていますと、襟の付いたグレーっぽい柄物の、裾の広がったワンピースを着た女性が登場しました。想像していたよりも小柄で、かわいらしい方でした。ところが、挨拶が始まると、その声の強さと内容の力強さに圧倒されましたし、見かけとのギャップに驚きました。それが、舞台の上の緒方貞子さんを見た最初でした。

そして、プログラムには載っていませんでしたが、最後に登壇されたのが、当時の美智子皇太子妃でした。皇后は、本当に透き通るような美しい声で、きれいな英語で、静かに、しかし心にしみ入るようなスピーチをされました。世界中から集まった700人の女性リーダーたちは、口々に「感動しました！」「涙が出ました！」と言っていたのが思い出されます。

後に、2012年にエリザベス女王の即位60周年に訪英された際に、私はケンブリッジ大学に客員教授として滞在しており、たまたま美智子皇后とお話しする機会がありました。「ずいぶん前のことですが……」と、1995年のIFUW総会の出席者皆が感激したことを伝えますと、しっかり覚えておいでで、「あれで良かったのかとずっと気になっていましたが、皆さんが喜んでくださったとお聞きして、ほっといたしました」とおっしゃいました。美智子皇后は、並外れた記憶力と外交力をお持ちであると、改めて感じました。青木怜子さんの見事な挨拶と司会、緒方貞子さんのチャーミングな存在と驚くほど迫力のあるスピーチ、そして、美智子皇后の美しいたたずまいと美しい英語、そして感動的な内容、この3人を育んだ聖心女子大学の教育は素晴らしかったに違いありません。

その後、難民高等弁務官として活躍されていた緒方貞子さんと直接お会いする機会はなかなかありませんでした。ところがその間、日米協会などで、ご夫君の緒方四十郎さんとは何度もお会いする機会がありました。緒方竹虎さんの三男です。生まれた時から有名人でしょうが、決して偉ぶらず、高ぶらず、本当の紳士というにふさわしい方でした。そしていつも、「サダコが……」「サダコが……」と貞子さんを案じておられて、可能な限りご一緒して支える努力をされていたようでした。このご夫君だから、緒方貞子さんは、ご自分の人生を十分に全うできたと思います。場面は違いますが、サッチャー首相のデニスさん、メルケル首相のザウアーさんと相通じるところがあるようにも思いました。

緒方貞子さんは、1927年生まれです。父上は外交官の中村豊一、祖父は外務大臣の芳沢謙吉、曾祖父は総理大臣の犬養毅という家系で、いわば政治家と外交官一家で育ったことになります。幼いころは米国や中国で過ごしました。ご夫君の四十郎さんの父上である緒方竹虎は内閣官房長官や副総理経験者ですので、華麗なる一族といえるでしょう。ご子息は米国勤務のころ、米国で育ちました。緒方貞子さんは、聖心女子大学を卒業し、ジョージタウン大学で国際関係論の修士号、カリフォルニア大学バークレー校で政治学の博士号を取得しています。

私が初めて2人だけでお話ししたのは、国連難民高等弁務官から引退されて、カーネギー財団の研究職に就かれていたニューヨークででした。「ちょうど本を執筆中なので、この静かな環境で集中したいのです」とのことでした。そして、一番強く感じたのは、彼女は英語で意思表示するほうが、日本語よりも楽なのではないかということです。日本語で話す時は、言葉を選んでいるような気がしました。そして、詰まると英語になるのです。国連難民高等弁務官として、非常に大きな決断をしてきた方にしては、とても物静かで、説得力のある話し方で、その時の印象はまさに学者でした。

しかし、国連難民高等弁務官という仕事は、世界のあちらこちらで起きている難民問題をすべて解決することはできないので、その時その時に救える難民を特定して、そこに集中するほかありません。つまり、残りの難民は組織として救うことができないのです。この生死を分ける決断を、限りある資金の中で断行するのは、並大抵のことではありません。難民高等弁務官という立場は、選挙ではなく、国連事務総長の指名によるので、所属する国が登用されるように全面的に支援することが大事です。緒方貞子さんのように、非常に有能な学者でもしかりです。ですから、日本政府は、緒方貞子さんに活躍していただけるよう、国連への資金面でも全面的な支援をしたと聞いています。ですから、日本国内での評価と少し異なって、国際的には、日本は金にあかせて大々的に目立つところを支援したと陰口をたたかれました。とても難しい仕事にご尽力くださり、日本政府も最大限の支援をしたと思います。具体的に、いくつか例を挙げてみましょう。

緒方貞子さんが国連難民高等弁務官に就任していた1990年に、イラクのクウェート侵攻による湾岸戦争が勃発します。ちょうど、ヨルダンのラーニア王妃一家がクウェートからヨルダンに避難した時期です。そして、サダム・フセインはイラク内の少数民族であるクルド人をも迫害しました。180万人に上るクルド難民がイランの国境とトルコの国境に押し寄せたのです。イラン側は受け入れたのですが、トルコは拒否しました。そのため、トルコとの国境で約40万人の難民が行き場を失っていました。国連の難民高等弁務官事務所（UNHCR）のこれまでの慣例では、国内難民の支援は含まれていません。しかし、緒方貞子難民高等弁務官は、このまま放置してはいけないと判断し、イラク北部のクルド人地域に難民キャンプを設置し、米国と交渉して米軍の引き揚げ時期を延期させ、この難民の保護に当たりました。

また、1992年には、旧ユーゴスラビアから、スロベニア、クロアチア、ボスニア・ヘルツェゴビナが独立しました。そして、残された地域はボスニア戦争の渦に巻き込まれてしまいます。そこで、緒方貞子難民高等弁務官は、サラエボの人々へ人道支援をするべきであると主張し、ＵＮＨＣＲが救援物資を送りました。ところがボスニア政府は、輸送路をふさいで妨害し、その救援物資を自分たちイスラム系の人々に渡すべく横取りをしたのです。その時、人道支援と政治は切り離されるべきであるとの主張を頑として譲らず、緒方さんは政治的に利用されるのであれば、サラエボへの人道援助は止めると宣言しました。これは国際社会を巻き込んで大論争になりました。

ルワンダの内戦も、歴史的に敵対しているツチ族とフツ族との紛争が続いていました。これは、第二次世界大戦の戦勝国が、現地の人的事情などを勘案せずに、地図上で、国境線を画定したことによってできたアフリカ諸国にとっては死活問題でした。１００万人ともいわれる部族の虐殺を受け、ザイール（現・コンゴ）、タンザニア、ブルンジ、ウガンダなどにおびただしい数の難民が流入しました。国連難民高等弁務官はゴマに難民キャンプを設営しましたが、難民の中に武装勢力も交じり、キャンプの治安を保てる状況になかったのです。そこで、緒方貞子難民高等弁務官は、難民キャンプの治安維持に協力してくれる国を探しましたが、武装勢力を難民として受け入れることに反対する国も多く、結局、ザイールの大統領親衛隊やアフリカからの傭兵《ようへい》を訓練して、治安維持に当たらせました。そのような事情もあって、コンゴにおける人権問題は、２０１４年になっても解決しておらず、英国のヘイグ外務大臣と米国のジョン・ケリー国務長官とでこの年に開催した「紛争下の性暴力の撲滅を目指すグローバル・サミット」の中でも、取り上げられました。この会議のコンゴ難民についてのセッションで、私は日本代表としてスピーチをしました。

難民問題という複雑で難しい問題を、片目をつぶってでも方を付けていこうとチャレンジをしたのは、緒方貞子国連難民高等弁務官の国際場裏での政治家としての資質が発揮されたといえます。

その後、日本に帰国してＪＩＣＡ（国際協力機構）の理事長として、２００３年から２０１２年まで務めました。この間、私は何度もお会いしています。特に、人間の安全保障の具体化や平和構築等々について、何度も意見交換しました。当初、ＪＩＣＡには２〜３年間の役割と考えていた向きもありますが、いざとなってみれば、やはり日本のＪＩＣＡとしてやるべきこと、やりたいことが次々に見えてきて、結局10年という長い期間の在任となりました。ここでの主な実績としては、現場主義の実践、すなわち、本部事務局と海外の現場との人数比が７対３だったのを、ほぼ半々にしたことと、人間の安全保障の視点を導入した分野横断的なプロジェクトを実施したことでしょう。

紹介したい緒方貞子さんの言葉が、３つほどあります。
①忍耐と哲学を掛ければ、物事は動いてくる
②熱い心と冷たい頭脳を持て！
③曖昧で不透明な問題などというものはない。曖昧で不透明と考えるのであれば、それを個々の課題に落とし込み、課題ごとの解決方策を考えていくことが肝要である。
緒方貞子さんは学者の一面、外交官としての一面、日本政府を上手に動かし国際社会に実績

を残すという政治的な一面を持ち合わせた、たぐいまれなる人物です。

23　日本が誇れる女性③

高円宮憲仁親王妃久子殿下

久子妃殿下の英語は、本当にきれいで上品です。美智子上皇后の英語も本格的な美しい英語です。そして、日本の皇室においでですが、英国の王室のメンバーのように、さまざまな国際的なイベントや行事にご出席なさり、出席者に感銘を与えるようなスピーチには定評がありす。それは、英語力のみならず、話される中身が出席者に配慮されているからだと私は思いました。この方は、スピーチライターに任せるのではなく、ご自分の言葉で話していらっしゃると感激したものです。もう一点、私が素晴らしいと感じていることは、皇室の一員としての役割をしっかりと認識されており、その一挙手一投足が皇室の品位を体現することをご存じで、しかも、自然体のご様子に、英王室の方々の立ち居振る舞いを思い起こしました。ケンブリッジ大学の学友にも英王室ゆかりの方々もいらしたようですし、また、お母様のしつけの下で成長されたので、安心して日本の代表として、どこにでもおいでになっていただきたいという気持ちです。それと、私のことも忘れずにいてくださり、折々心が通い合うのを感じられて本当にうれしく思っています。日本のために、ますますのご活躍をお祈りいたします。

人を紹介する時に、Last but not least（最後になりますが。決して軽んじているということではありません）という言い回しがありますが、まさに、この方は、Last but not certainly leastでありまして、最後のご紹介ですが、これまでも、そしてこれからも、日本の皇室として、素晴らしい役割を果たしていかれる方であることは、間違いありません。

高円宮憲仁親王妃久子殿下は、東京五輪の誘致に向けて、日本の最後のプレゼンテーションの時に、最初に、いつものように美しいクイーンズ英語とこれまた美しいフランス語で、世界の皆さんに、東日本大震災の時に日本に頂いた温かい支援に感謝する辞を述べられました。日本の印象をとても良いものにしてくださったことは記憶に新しいところです。では、一体どういう方なのでしょうか？　まさに、あのとおりの落ち着いて、安定して、しかも、おしゃれで、素敵な笑顔の方です。

実は、久子妃殿下にお会いする前に、カナダ大使の集まりや、英国大使館などで、何度もご両親の鳥取滋治郎・二三子夫妻にお会いする機会がありました。ご両親は素敵なご夫妻でした。さすが、フランス三井物産の社長などを務められた国際的ビジネスパーソンで、いつもゆったりと、そしてニコニコしていて、人との対応は素晴らしく洗練されておられました。特に、国際的な時事問題についての知見は鋭く秀逸でした。しかし、もっと気になったのが、二三子夫人でした。その嫋《たお》やかで優雅な雰囲気と話す内容も、言葉遣いも品が良く、どのような育ち方をされたら、あのように気品が生まれるのかしらと思いましたら、なんと九条家出身の貞明皇后と縁続きの元華族でいらしたということで、納得しました。そのおふたりの一人娘が久子妃殿下です。ですから、初めてお会いした時には、ご両親のことが話題になりました。

久子妃殿下は、中学まで聖心女学院に通われ、それからは父上の転勤に伴い、英国で教育を受けられました。ケンブリッジ大学ガートンカレッジで、中国学・人類学・考古学を学ばれ、ご卒業。数年後、ロンドンにて法廷弁護士の勉強もされました。１９８４年にカナダ大使館で通訳をしていらした時に、故高円宮憲仁親王殿下が一目ぼれされて、わずかひと月ほどで、「Will you marry me?」とプロポーズされたのは、有名なエピソードです。もちろん「Yes」と久子妃殿下がお答えになったそうです。それから、３人のお子さまをもうけられました。故高円宮憲仁親王殿下は、学習院大学卒業後、カナダのクイーンズ大学に１９７８年から１９８１年まで留学なさっていますので、カナダとは特別に深いご縁でした。そして、英語も堪能で、しかも謙虚で親切で、皇族としてのご自分の役割を熟知している素晴らしい人柄の方と評価されています。

お目にかかる前に、私がもう一つ感心したことがあります。２００２年のサッカー・ワールドカップが日本で、日韓共同で開催されました。そして、故高円宮憲仁親王殿下と久子妃殿下がおそろいで、韓国を公式訪問されたことでした。皇族としては、第二次世界大戦後に韓国を訪問されたのは初めてのことです。天皇陛下に対して、戦争責任を認め韓国国民におわびしろとの声が高まった時に、すっと訪問され、大歓迎を受けられました。とても勇気があります。もし、高円宮憲仁親王がご存命ならば、ひょっとして訪中もあり得たかもしれません。２００２年に47歳の若さで、心室細動から心不全を引き起こし、逝去されました。しかも、その場所がカナダ大使館でスカッシュの最中だったそうです。

これがきっかけで、日本政府は、ＡＥＤの普及に力を入れたという後日談があります。故高円宮憲仁親王殿下は、「皇室（オク）のスポークスマン」を自任していらしたそうです。すなわち、出自の関係から、戦後では皇位継承順位が皇族の中で下位の人物という意味です。このように謙虚で勇敢なおふたりでしたから、日本にとって素晴らしい皇室外交を展開してくださったのでしょうが、久子妃殿下はお一人でも、一つ一つのお役目を丁寧にしっかりと務めておいでです。国内での諸行事へのご出席に加え、故高円宮憲仁親王殿下の遺志を受け継ぎサッカー協会など９つのスポーツ団体の名誉総裁と、ご自分のライフワークである環境保護団体バードライフ・インターナショナルの名誉総裁として海外活動を地道に行っていらっしゃいます。

実は、１９９０年代末には、児童の人権、特に性的搾取が国際社会では大きな問題となっていました。そして特に日本の男性のアジアへの団体旅行が集団での性的搾取の事例として、強く非難されていました。しかし、当のご本人たちは、おおらかな日本の文化の影響なのか、それが恥ずかしいこと、人権無視の行為であると全く感じていないのが、実は最大の問題でした。これは、極めて政治的な問題でもあります。

1996年にスウェーデンで、「第1回児童の商業的性的搾取に反対する世界会議」が開催されました。その主催者はUNICEF（国連児童基金）と国際NGOであるECPATインターナショナル及び児童の権利条約（スウェーデン）の共催でした。これは1・5トラック（官民協力）の国際会議です。ですから、王室としてもギリギリ政治的行為ではないとの判断で、スウェーデンのシルビア王妃が出席しご挨拶をされました。その後、駐日スウェーデン大使館で、5回にわたる勉強会が開かれて、シルビア王妃からのお誘いもあり、児童問題に深い造詣をお持ちの当時の皇后陛下も心を痛めていたこともあり、久子妃殿下は出席されていました。久子妃殿下は、高校生の時から海外生活ですので、わきまえながらも、ご自分で判断し、行動もされます。主な旅行会社や企業、利用団体に「自分の娘にやってほしくないことは、他の子にやってはいけない」と社内や団体内で徹底するように、お願いして回ったこともあったそうです。

そのころ、この問題は国会でも議論されていました。切実な問題でありますし、日本のイメージを著しくおとしめていることを、その当事者である本人たちが無自覚である日本の男性上位を象徴するような問題だったので、私たちも、国会議員として何とか法整備ができないかと心ある議員たちが努力しました。そして、「児童買春、児童ポルノに係る行為等の処罰及び児童の保護等に関する法律」を1999年に議決しました。その先頭に立ってリーダーシップをとられたのは、当時法務大臣であった森山真弓さんでした。

2001年に横浜で、「第2回児童の商業的性的搾取に反対する世界会議」が開催されました。その会議は、日本政府、UNICEF、国際NGOのECPATインターナショナル及び児童の権利条約NGOグループの主催でした。これも官民協力の1・5トラックでしたので、皇室の政治的活動には当たらないとの判断で、来日されたスウェーデンのシルビア王妃と日本の高円宮憲仁親王妃久子殿下がご挨拶をされて、森山真弓法務大臣が基調講演をされました。そのスピーチの中で、久子妃殿下は「日本は、その進むべき方向についてコンセンサスさえ得ることができれば、確実に動き出す国です。だからこそ、『児童買春・児童ポルノに関する法律』が制定され、そしてこの第2回世界会議がここ横浜で開催される運びになったことは、大変喜ばしいことだと思います」と述べておられます。そして、「日本を含む先進国においても、家庭の虐待などにより子供たちが売春にかかわるようになったり、またインターネットの進展などに伴う新たな脅威にもさらされています。わが国における援助交際などの問題もこの一端であると思います」とも述べられており、20年たった今、家庭での児童虐待の増加、インターネットによる援助交際など、まさに今日本が直面している問題を指摘されているのです。

2008年には、第3回会議がブラジルのリオデジャネイロで開催されました。そのフォローアップ会議で、久子妃殿下は「被害に遭ったり、そのリスクにさらされている子供たち一人ひとりにとって、『一つしかない命／一つしかない人生』です」そして、「児童の商業的性的搾取の問題は、家庭や教育などの観点を含め、社会全体として対処すべき問題であり、今回のフォローアップセミナーがこの問題の根絶に向けて有意義なものとなることを心より願っています」と結ばれています。

当時は、お互いに直接お会いすることはなかったのですが、実は同じ問題に、別の役割でかかわっていたことが後にわかりまして、深いご縁を感じました。

私が最初にお会いしたのは、ロシアからの賓客の歓迎会でした。白っぽい、清楚な中にも、刺しゅうがおしゃれな一味違う素敵な装いで、きれいなクイーンズ英語でスピーチをされました。その後も、さまざまな外国からの来賓の祝賀行事で、私は外務大臣政務官として挨拶し、久子妃殿下はその品格を備えたスピーチや、母上譲りの品性を感じさせる立ち居振る舞いで、日本の歴史・文化の奥ゆかしさを体現して、皇室のイメージアップに貢献されています。コロナ前の2021年も、駐日インド元大使が日本についての著書を著され、その披露の会がインド大使館で開かれましたが、その時も英語と日本語を非常に巧みに織り込んで、通訳なしで見事なスピーチをされました。私は、著者に花束を渡す役目で招かれていました。

私がケンブリッジにおりました時には、ファカルティディナーやさまざまな特別行事で日本と縁の深い方々が来られると、決まったように、「ヒサはお元気ですか?」と尋ねられました。聞くところによると、ケンブリッジ留学中もとても人気がおありだったようです。久子妃殿下に伝えるたびに、「それはXさんね。貴族院議員は続けていらっしゃるのかしら?」などと、一人ひとりのことをきちんと記憶しておられました。また、バードライフ・インターナショナルでは名誉総裁を務められ、久子妃殿下が日本国内、海外を問わず、たくさんの写真を撮られ、本も出されていらっしゃいます。フィンランドでも久子妃殿下の写真展が開催されたことがありましたが、その時は、英国から近いとはいえ、私は伺うことができませんでした。

あの律儀で、まじめで、おしゃれで、わきまえながらも言うべきことをきちんとおっしゃり、英国的ユーモアのセンスもおありの笑顔の素敵な久子妃殿下は、日本の皇室にとってはノーブレス・オブリージュの精神を身に付けておられるかけがえのない存在です。

第2章

リーダーが考えるべき
人間の安全保障

1　人間の安全保障

まず「人間の安全保障」に関して経緯と概念を確認しましょう。

２０００年に国連で、「人間の安全保障委員会」が設置されました。基本理念は「人間の生にとってかけがえのない中枢部分を守り、すべての人の自由と可能性を実現すること」であります。当時、国際社会及び国連で活躍されていた緒方貞子さんとアマルティア・センさんが共同議長となり、日本からは70億円ほど拠出して基金を設けました。しかし、日本は広範囲に包括的な概念で支援するという方法をとり、欧米では多くの国々が具体的に的を絞って支援する方法をとりました。残念ながら、日本と欧米の国々の間で理解が異なり、活動も二極化してしまう結果となりましたので、国際社会が一致して評価されるには至りませんでした。

その評価に至らなかったということに留意して、ここでは、基本に戻って、１９９４年にＵＮＤＰ（国連開発計画）が発行した「人間の安全保障」に関する提案書に記されている具体的な目的に立ち戻ってみたいと思います。それを見ると、日本の視点に欠けている部分が多く見えてきます。

まず、この人間の安全保障という考え方の根底には、アルバート・アインシュタインが核エネルギーの発見で「何もかもが変わった。私たちが根本的に考え方を変えない限り、人間は生き残れない」、言い換えれば、核の安全保障から人間の安全保障に頭を切り替えなければ破綻をきたす危険性があるという視点があります。実は、私たちは、この切り替えができていないのです。ですから、２０２２年のロシアのように主権国家に侵略し核兵器を脅しに使用したりする国が現れてきているのです。その言葉の意味を考えると、アインシュタインの警告はある意味、的を射ていると言えるのではないでしょうか？

では、伝統的な安全保障とは、どういうことをいうのでしょう。伝統的な安全保障というのは、外部侵略から領土を守る安全保障、外交政策を通じて国家利益を保持する安全保障、核のホロコーストから地球を救う安全保障という理念であり、多くの国がこの安全保障に準拠して国家を運営しています。

それでは、人間の安全保障というのは、どういう概念で結びつくのでしょうか？　それは、つまり国家ではなく、「多くの人」の安全を意味しているのです。すなわち、病気や飢餓、失業、犯罪、社会の軋轢《あつれき》、政治的弾圧、環境災害の脅威から守られるというのが理念です。

具体的には、子供が死なないこと、病気が広がらないこと、職を失わないこと、民族間の緊張が暴力に発展しないこと、反体制派が口をふさがれないことなど、人間の生存や尊厳にかかわることを意味するのです。

人間の安全保障の具体的政策としては、「経済の安全保障」、「食糧の安全保障」、「健康の安全保障」、「環境の安全保障」、「個人の安全保障」、「地域社会の安全保障」、「政治の安全保障」に分類されています。これは、2030年までに国連の目標として掲げているSDGsの設定にも大きく影響しているのです。私たちが、今、ポストコロナの時代に、もう一度オリジナルの人間の安全保障の理念に戻り、改めて、新しい時代へ舵《かじ》を切ることが期待されていると感じます。1994年にUNDPが発行した提案書の時点から30年近く経過していることを踏まえ、私は、その提案書に食糧の安全保障から切り離して「水の安全保障」と新たに「エネルギーの安全保障」を加えて、人間の安全保障というものを考えていきたいと思います。

では、各項目ごとに検討していきましょう。

①経済の安全保障

基本概念は、「産業の健全発展と基本的な個人の収入が補償されること。すなわち、生産性のある仕事や利益のある仕事に従事し給与を得ることから公的資金や生活保護までを含む、生活できる収入があること」になります。

日本では、経済の安全保障の担当大臣が任命されるようになり、新しい時代のようにメディアでも取り上げているのですが、1994年の国連開発計画人間開発報告書に明確に書かれていた時には、日本社会はバブルの時代ということもあったので、この概念は注目されませんでした。そのようなツケが、2008年のリーマンショック以来、日本の経済が低迷することになり、今に至っていると思われます。

日本国外をのぞいてみると、英国の政治家であり軍人であるウィンストン・チャーチルは、「資本主義の欠点は、幸運を不平等に分配してしまうことだ。社会主義の長所は、不幸を平等に分配することだ」と皮肉る言葉を残しています。

「アイアンレディ」と評された英国元首相のマーガレット・サッチャーは多くの国民の反対に遭いながら、福祉を削り、新自由主義経済に舵を切り、国有企業を民営化し、外国の資本投入を招いたのは、当時英国病と呼ばれ、経済的に低迷していた自国において、経済再生が最も重要との強い信念で断行したのです。

また、ドイツ連邦共和国第8代首相であったアンゲラ・メルケルが人道問題では明確に中国やロシアを批判しても、経済の関係においては、ロシアとの天然ガス事業ノルドⅠ・ノルドⅡで協力し、中国と共同していち早く電気自動車の導入に尽力しています。それは、東西ドイツの統合で莫大な出費があり、ドイツの国家経済が厳しい財政状態にあったので、自国の経済の状況を改善したいと考えた証左であることは明確なのです。ちなみに、ドイツ統合に尽力したヘルムート・コール元首相に私がお会いした時に、東西ドイツの統合には予想をはるかに超える資金が必要であったという経験値から、南北朝鮮の統一は、韓国の財政だけでは到底足りないこと、そして、財政不足については、中国は一切出さないだろうと予測できるので、日本が不足分を負担する覚悟があるなら、南北統一を推進したらいいのではないか、ただし、その覚悟がなければ、口先だけでの統一を支持できないと語っていたのを思い出します。

2008年に経済危機で破綻国家になるかと危ぶまれたアイスランドでは、見事な経済復興を成し遂げています。それは、金融や国際投資の一極を担おうとしていた国の経済ビジョンから、漁業や農業で地産地消の国に転換したことが大きな要因になっています。さらにいえば、この国の経済の根幹にかかわる回帰は、女性の力が大きかったといわれています。世界の先進国をまねようとした政治リーダーではなく、地域に根差した女性の視点で政治を大きく動かしたということがポイントなのです。女性議員もビジネス界のトップも全体の40％は女性でなければならないという、いわゆるクオータ制を導入したことが大きな転換をもたらし、女性活躍の基盤になっていることは確かでしょう。アイスランドの選挙制度は比例代表制を採用しているので、クオータ制も導入しやすいという効果的な背景があると思います。

そして、2022年夏には、2019年冬から始まったこのコロナ禍で世界中が苦しんで2年余りが過ぎようとしています。経済を考える時に、国際社会はすさまじい勢いでデジタル社会である5Gに向けて動いていると言っても過言ではありません。日本では、ようやくデジタル庁が2021年9月に発足しました。4Gは人をカバーし、5Gは国土をカバーするという動きの中で、ある種インフラ整備が不可欠なのですが、そのような理解さえも、まだ日本国内では進んでいないように見受けられる現状だと考えます。また、日本社会のコロナ禍でのマスク不足に陥った状況やPCR検査の遅れなどを目の当たりにした今こそ、私たちは確実にサプライチェーンの見直しを行い、生活必需品や医療関係物品・器機の国内生産に舵を切らないと、いつの間にかズルズルと国際社会の発展から取り残されていくのは想像にかたくありません。

もちろん、2022年10月現在でありますが、日本国産治療薬やウイルスワクチンもまだ承認されていない状況を真摯に検討しなければいけないのではないでしょうか。

まさに、経済の安全保障は、考えれば考えるほど日本にとって喫緊の課題が山積しているということです。しかし、この20年の日本経済低迷の中、有能な科学者、物理学者、医学者そして原子力学者など多くの有識者が、厚遇を受ける形で、海外の研究機関に迎えられている事実を直視すると、日本の知的空洞化への心配と対応策を思料せざるを得ません。

②食糧の安全保障

基本概念は「すべての人が物理的にも経済的にも基本的な食糧を得られること」になります。加えて、現在の難民問題は、人間の安全保障が脅かされた状態にある人たちに手を差し伸べられるかどうかということが焦点になります。ドイツのアンゲラ・メルケル首相（当時）がドイツに100万人余のシリア難民を受け入れましたし、人口1000万人を超えるヨルダンも、パレスチナ難民を約250万人、それに加えシリア難民を約130万人受け入れていますが、難民キャンプにいるのはパレスチナ難民のわずか20%、そして、シリア難民の約10%にすぎないというのが現状なのです。私が以前に訪問したヨルダン最大のシリア難民キャンプであるザアタリキャンプには、国連などの支援を受けて、すでに学校が設けられ、また粗末な家でも屋根の上に水槽が設置されていました。しかしキャンプから一歩外に出たところの貧しい家々には、水槽のある家は見当たりませんし、食料に関しても、キャンプ内で食料に窮する人はいないのですが、キャンプ外では食料に窮する難民の人々が大勢いるのが現状だった記憶がありま す。

このような状況からも今こそ検討せざるを得ないアジアの食糧の安全保障は、日本がイニシアティブを取り「アジアの食糧安保」として、各国がいざという時に、食糧を融通し合えるようなメカニズムを構築する時が来ているのではないかと考えます。なぜならば、日本には、優れた生産性、灌漑用水技術、植栽、土壌改良、肥料、収穫、保存方法、保冷車による輸送など、多くの技術や優れた方法の蓄積があるからです。それを日本が中心となり、アジア各国に提供し、自然災害や紛争・戦争の時に、最低の食糧は融通し合える「地域食糧安全保障の枠組み」づくりの先頭に立つだけの底力があると考えるのです。しかし、材料がそろっていると言っても過言ではないのですが、残念なことに、その日本が持っている力の価値を見極めて政策に移す政治力と、それを国際社会に伝播《でんぱ》しイニシアティブを取る外交力の両方が不足していると映ってしまうのです。

さらに、食を突き詰めていくと、日本は、宇宙食など、栄養価を確保し長期間保存可能な食品の開発も進んでいます。また、例えば、〝かにかまぼこ（カニカマ）〟のような、風味・食感・形・色などをかにの身に似せて作られたかまぼこの加工品や、食事以外の嗜好品《しこう》として食べられる食品としての焼き菓子、和菓子などの菓子類も海外で高く評価されており、カニカマは日本よりフランスの消費量が多いという事実が、日本国内では認識されていません。私たちの日本は、長い歴史に育まれた発酵食品や、優れた食品製造技術を受け継いでおり、その伝統や知恵、そして製造能力を生かして、国際社会に貢献する底力を持っており、十分に競争できることを再認識すべきではないかと思います。残念ながら、そういった、ある種の先端技術とは異なった、人間生活に役立つ伝統や知識技術へのリスペクトを日本人自身が忘れかけていることが、現状において見え隠れしていると思われます。

南半球の国であるペルーでは、マリソル・エスピノサ元副大統領が農業改良と環境保全に、5年間全力を尽くしていました。2006年のガルシア大統領の就任式に日本代表として出席した時に、政治問題を切り離して、日本とペルーの経済的・人的・文化的協力関係の回復に尽力した私としては、彼女が日本から提供された灌漑技術や、国内需要のみならず、輸出に見合うような農産物の品質向上などを含め、ペルーにおける食糧の安全保障の幹は農業であるとの信念で頑張ったことに敬意を表します。そして私は、日本の技術支援で農業や食糧の確保を可能にする国々が、まだ多々あるということに多くの方々に気づいていただきたいし、そのことを留意しています。

私たちが考えなければならないのは、まずアジア各国の食糧事情を調査し、互いの長所短所を比較したうえで、相互補助できるメカニズムを構築し、それを各地域の食糧の安全保障の枠組みづくりに寄与することです。

ポストコロナによる国際社会の変化が進む中で、また、これからもあらゆる地域で発生する可能性があり、継続性を持つ自然災害に見舞われた国や地域、そして紛争や戦争で苦しむ地域に互助の精神をもたらすことができる、食糧の安全保障の地域的な枠組みを機能させるイニシアティブを日本が取れると確信するとともに、イニシアティブを取るための行動が必要だと感じています。

③健康の安全保障

基本概念は「疾病や不健康な生活から最低限保護されること」になります。

私たちが経験した、今回のCOVID—19のようなパンデミックの時には、まさに健康の安全保障が試されることになります。

日本のような国民皆保険の国は、普段は医療に関する問題はほとんどなく、また、国民の衛生意識も高く、うがい、手洗いは幼児のころから家でも保育所や幼稚園でも習慣づけられています。そして、靴を脱ぐことも、花粉症でマスクを使うことも常態化していました。このコロナ禍でアルコール消毒液はほぼすべての家庭で常時利用されたり、ほぼすべてのビルや商業施設建物の入り口に設置され、さらにレストランなどの飲食店では、テーブルの上はプラスチックのパーテーションで仕切られたり、非接触型検温器も設置されています。

しかし、一方では、日本はホームドクター制度ではないために、コロナウイルスの診断においては、重症、中等症と軽症、無症状の人々の中で、自宅待機や自宅療養の中で相当数の死者が出てしまったことは、本当に残念でした。また、薬品としてイベルメクチンやアビガンなどの国産の治療薬の承認が遅く、質的には劣らないのに、米国製の経口治療薬は特例的な承認で、国は高額な米国産の薬を大量に税金で購入していることは、残念な事実です。

例えば、責任者をきちんと決めて、ドイツのアンゲラ・メルケル首相（当時）や台湾の蔡英文総統のように、速い決断で、自国で陽性者が出る前から医療体制の組み替えや医療防具の内外からの調達を進め、陽性者が発生した時点で、経済的逼迫者への補償制度と速やかな支給の方法を定めて、手厚い政策及び施策を実行することができていれば、日本は世界で一番コロナ対応に成功した国になれたかもしれません。現実には、「船頭多くして船山に上る」で、責任の所在が不明確になってしまいました。つまり、このような事態の時には担当大臣は1人で十分ということです。腹をくくって、施策がうまくいかなければ辞任するくらいの覚悟で、この非常事態に対応するのは当然だと思います。

日本は、国際社会の中で最も高齢化が進んでいる先進国という位置にあります。ＯＥＣＤによると、日本での認知症の割合は世界で一番ということは、それだけ高齢者が多いことを表しています。ですから、国際社会の高齢者先進国として、無病息災ではなく「一病息災」という、病を抱えても社会の一員として楽しく暮らせるような、健康人生のための体操、食事、精神力などを総合的に国際的に発信していく価値があるのではないでしょうか。

「医食同源」の発想は、すでに日本食は健康に良いと国際社会に知られています。例えば、みそ、しょうゆ、こうじなどの発酵食品は国際的な評価も高いものですから、医食同源を国際的に発信して、世界の健康の安全保障にも寄与できることを知らしめる姿勢が必要なのです。それをしないのは、国際社会への貢献としては不作為とさえ考えられます。

日本は、今こそ、政府の危機対応能力の強化、コロナ特措法に要請と補償を盛り込む、医療体制の抜本的見直し、国際レベルの情報・諜報機関の設置、日本版ＣＤＣ（疾病対策センター）の設置、サプライチェーンの見直しなどを、ポストコロナの医療・健康の安全保障の最優先課題とすべきだと考えます。せっかくの多分野におけるチャンスを「喉元過ぎれば熱さ忘れる」になりつつあるようで、われながら常に心配で仕方ありません。

一つ考えてみたいことは、ドイツ、台湾、そして国ごとロックダウンで乗り切ったニュージーランドのアーダーン首相と、コロナ対応を評価された宰相は３人とも女性であったというのは果たして偶然なのでしょうか？　オバマケアに象徴されていますが、米国における健康保険制度の抜本的改革を展開したのは、ヒラリー・クリントン（当時の大統領夫人で国民皆保険を目指す医療制度改革の座長）でした。

つまり、女性の存在は、コロナ感染者、一般疾病患者、医療従事者、そして生活困窮者の命を守るためのきめの細かい政策をすぐに実行するというエンパシーのなせる業とも言えるのではないでしょうか？

④環境の安全保障

基本概念は「短期的にも長期的にも自然の脅威から保護されること」になります。

地球のあちらこちらで頻発する自然災害、それにより地球の環境、すなわち人間の居住環境は著しく傷つけられています。逆に言うと、人間が自然を破壊し続けて経済発展に注力してきたことが地球を傷つけ、さまざまな自然環境や動植物の生命輪廻《りんね》のバランスを壊してきたということを考える必要があります。

そこで、私たちの価値観をもう一度見直す時期であることは明白なのですが、しかし、先進国が享受して発展してきた資源争奪戦をはじめ、自然破壊を発展途上国も享受して発展したいとの主張は強いという事実があります。戦後、戦勝国により国境を確定された中東アフリカ諸国の立場からすると、まさにこれから発展して先進国並みの生活水準に追い付きたいという目標を掲げている状況下で、そのツールを先進国の勝手な考えで取り上げられてしまうという形になってしまうからです。しかし、対極にいる超大国である米国と中国が地球環境の保全のために、自国の工業発展や、便利な生活を犠牲にしたくないという事実も理解にかたくありません。

そこで、私たちは、本当の豊かさとは何か？　という問いに答えなければならないのです。つまり、先進国も発展途上国も共有する価値観を提案しなければなりません。今私たちは、重厚長大が発展のシンボルとされていた大量消費時代の流れから、ゆっくりとゆとりを持って進み、希少価値を楽しみ、人も動植物も慈しむということを考える時代に直面しているのです。

ここで私たちは、〝環境〟という言葉の持つ意味を考えてみるのもいいかもしれません。そうすると、非常に多岐にわたっていることが理解できるのです。まず、人間を取り巻く環境を考えてみると、家庭環境、社会環境、自然環境などを中心に人間に影響を与えるものを包含し、生物を取り巻く環境としては生存環境、発達環境、進化環境などで、対象は微生物から動植物まで広い範疇《はんちゅう》を包含します。さらに、自然に関する環境としては海洋環境、大気環境、地球環境などが挙げられます。したがって、われわれを取り巻くすべての要素を環境としてとらえることができるのです。

地球規模の環境の安全保障は、現実では、CO_2の排出規制をはじめとする、さまざまな国際取り決めがありますが、それを各国が守れるか、維持できるかが大事なことになります。いかに、米国、中国、そしてロシアのような広大な国土を持ち、工業化を進めている国に〝環境〟という協力を得られるかがカギとなるのです。

同時に、私たちにとっては、絶滅危惧種の動植物のみならず、さまざまな生物が開発による生息環境の悪化によって、生命の危機に直面していることにも、人類の協働の取り組みが欠かせません。COP26が2021年11月に英国のグラスゴーにおいて対面で開催されました。この分野での地道な検証が発表され、それに対しての活動が行われていることは、日本を含め多くの国々の励みになります。現在もさまざまな動物は各地の動物園に、そして植物は植物園に保護されてはいますが、現世界の自然の環境で生育できない動植物は将来どうなるのかが気になるところです。
そして私たちが考えなければならないもっとも重要な点は、人を取り巻く環境ではないでしょうか。言い方を換えれば、私たちが生きるうえでの、クオリティ・オブ・ライフをどう評価するかが重要になってきているのです。心の豊かさを大事にするということは、物の豊かさとは必ずしも一致しないということが明らかになっています。ケニア出身の女性環境活動家であり政治家であったワンガリ・マータイ氏が日本の「モッタイナイ」精神を国際社会に紹介したのも、日本の価値観を高く評価したからと考えられます。それは、きれいな空気、星空、緑の木々なども心の豊かさを育むかもしれないし、便利で時間を短縮できる住居が心のゆとりを生むかもしれません。

今、私たちは、
どのような生き方が豊かさを体現できるのか？
どういう環境を選ぶのか？　また、
どういう環境をつくり出せるのか？
ということを問われており、これらを立ち止まって考え直す時が来ているのです。

⑤個人の安全保障

基本概念は「一人ひとりが自己の意思を外的要因で抑圧される状態からの解放」になります。言い換えれば、家庭内、地域社会、国家、外国などより受ける身体的暴力からの保護や、女性など不利益を受けている場合の是正などということです。

個人の安全保障は、宗教や民族、皮膚の色、国籍などを問わず、一人ひとりが個人として、社会の一員として、差別なく生活できる権利を守るべきであるという理念がもとになっています。もちろん、その理念には、女性の生き方に関する考察も含まれています。日本国憲法第24条（家族関係における個人の尊重と両性の平等）での男女平等について草案を執筆した米国GHQのベアテ・シロタ・ゴードン氏が亡くなる前に語ったのは、「日本の女性が憲法に載せた権利を実現してほしい」ということでした。

ノルウェーで長年首相を務めたグロ・ハーレム・ブルントラント氏の、女性の閣僚の割合を40％以上にするというクオータ制度を実行したことが、ノルウェーにおける女性の社会進出を加速度的に進め、また、分野も広げたとされています。クオータ制度は、最初にノルウェーで1978年に制定されましたが、実現したのは同国初の女性首相であったブルントラント首相の1986年の時でした。また、米国サンフランシスコのダイアン・ファインスタイン市長が託児所を仕事場の近くや駅の近くに設けたということも、女性の社会進出を後押しした一つと認識されています。ほかには、2006年から2018年まで在任したリベリアのエレン・ジヨンソン・サーリーフ大統領は、政治的理由で投獄された議員の活用や会社役員などへの女性の割合を、あらかじめ一定数に定めて積極的に起用するクオータ制の視点からも女性の権利を主張し、女性たちと協力して、アフリカで初めて選挙で当選した女性大統領に就任した一人でありほます。私がお会いした時にはとても社交的で明るく振るまっていらしたので、そのような苦しい体験をしたことを一切感じさせない方でした。

そこで、私たちの日本でもクオータ制度の導入は有効なのかどうか考えることも一案ではないでしょうか？

まず、国際社会において、クオータ制度を導入している73ヶ国163政党を見てみると、ほとんどが比例代表制度の選挙制度であり、比例の順位を男・女・男・女とするか女・男・女・男としないと、国民の票は得られないということであり、米国や英国のように小選挙区制度を採用している国の場合は、クオータ制度を適用することは難しいのが実情なのです。

日本では定数465人の衆議院議員の中で、289議席が小選挙であり、176議席が比例代表です（2022年8月現在）。したがって、現実的な方法としては、比例代表の議席の50%を女性にするというような部分的なクオータ制度は可能かもしれません。各政党がそのような候補者の立て方を実行すれば、結果的には88人の女性議員が当選することになります。こうすれば、女性衆議院議員の割合は小選挙区の当選者と合わせて、約20%になる可能性はあるかもしれません。

しかし、約20％という数字で満足できるでしょうか？　それで満足はできないという状況も出てくるのではないかと考えます。部分的なクオータ制度導入ということが私たちの社会において足かせになる可能性も否定できません。ですから、現実的には、選挙制度という基本部分に変更がない限りは難しく感じますので、制度上ではなく民度として、比例代表にはできるだけ女性を上位に位置付けることを慣例にする方法の検討もありうるかもしれません。あくまでも、希望的観測の域でありますが、いずれ２０１８年に議決され、２０２１年に改正された「候補者男女均等法」を根拠として、男女同数の候補者数が実現する可能性はあるといえるでしょう。しかし、パリテ法と違って罰則はありません。２０２２年7月10日に実施された参院選（定数１２５人）においては35人当選し、28％の女性当選者率となりました。これは候補者男女均等法が奏功したと言える結果でしょう。

さらに例を挙げれば、フランスのマクロン大統領はパリテ法（男女同数法、２０００年施行）を活用して２０１７年の大統領選で勝利した実績があります。実は、フランスにおいては２０００年にパリテ法が施行されてから17年間すべての政党が罰金を支払っても候補者同数を履行していなかったのです。ところが、当時のマクロン氏は大統領に立候補する際に政党を創設し、パリテ法順守を掲げるとともに選挙に挑みました。結果として、圧倒的な勝利を得たのです。他方、フランスでは女性管理職は44・６％で世界トップです（２０２２年8月現在）。

英国に目を向けてみると、トニー・ブレア氏は１９９７年、ポジティブ・ディスクリミネーション（積極的改善措置）を活用することで、女性下院議員を１００名以上当選させました。

しかしながら、英国ではこの結果を法的には不平等との判断を下してしまいましたが、まいた種は確実に育つということを表した結果が、2017年に実施された下院議員選挙（定数650）で、208人の女性議員が誕生しました。これは、女性議員は30%ほどを占めていますし、ジョンソン首相（2022年7月、党首辞任と首相退陣を表明）の後の首相選挙においては、8人の党首選候補のうち4人が女性で、インド系など背景の異なる多様性を見せる結果になりました。その後、候補者が4人に絞られた段階では、なんと男性1名、女性3名という結果になりました。さらに最終の2名の候補者は男性1名、女性1名で、最後は3人目の女性首相の誕生となりました。しかし、トラス首相が45日で退任となったので、その後は男性のスナク首相になりました。また、英国は、ビジネス界での女性管理職進出も33・8%を占めている状況です。仏英のように、女性の活躍は経済界と政界とが共に進むことが望ましいのです。

すなわち、候補者男女均等法というボトムアップと、マクロン大統領やブレア首相（1997~2007）のように、トップが強い意志を持ちリーダーシップを発揮できる人でトップダウンという両面作戦が有効かもしれません。また、ビジネス界における女性の登用に対しても、同じ人物をあちらこちらの会社が社外取締役に起用するという、女性役員起用を世間に知らしめるためと思しき登用は、本来のあるべき姿とは異なると考えます。その意味で、2021年10月に連合がはじめて女性の芳野友子会長を選出したのは良い意味でのイメージチェンジ及び、イメージアップとなったことは確かではないでしょうか。

一方で、個人の安全保障としての個人の尊重は、選択的夫婦別姓や通称使用の議論も避けられません。

アンゲラ・メルケル前首相（ドイツ）や、英国のシャーリー・ウィリアムズ貴族院議員も通称使用であり、イスラエルの故ゴルダ・メイア首相は、自分の名前を変えてまで通称を使用しました。

国会議員や芸能人は通称でも理解を得られることは多くありますが、一般市民にとっては通称を貫くのは非常に難しい世の中だということなのです。例えば、仕事に就く時には、戸籍と異なる姓名を使用するのは、なかなか世間一般では受け入れてもらえない実情があります。夫婦別姓の場合は、さらに、子供が生まれた時には、その子の姓をどう選択するかが大きな問題になります。当然、赤ん坊には選択することができませんので、例えば、成人を迎える18歳になったら、前提なしに、父の姓か、母の姓か、どちらかを自分自身で選択できるよう法的に担保することが今後、重要になってくるでしょう。

したがって、通称を使用したい人は使用すればいいし、別姓を選択したければ、その選択もありでしょう。また、同姓を選択したい人は、同姓を選択すればいいということなのです。私たちが検討しなければいけないことは、その際に、戸籍には、その家庭ごとの選択を正確に明記できる書式が必要で、これこそを立法府できちんと議論され、齟齬《そご》をきたさない法律づくりを行い、スムーズに実施できる書式を工夫するべきだと考えるのです。

つまり、女性の生き方も、専業主婦、Mシェイプ、すなわち、28、9歳ごろに職を辞して、専業主婦になり、子育てがほぼ終わった45、6歳ごろに再就職をして、社会復帰するという選択です。働く女性がどれを選択しても生きやすい社会の制度設計を国が整えることが個人の安全保障の基礎となるのです。そのためには、女性の視点、率直な女性の意見を柔軟に取り上げられる政府であってほしいのです。

⑥地域社会の安全保障

基本概念は「伝統的なつながり・価値観・世俗的及び民族的暴力からの保護」になります。故レティシア・シャハニ（1929～2017、フィリピン上院議員）が、私も日本から参加した1985年の国連婦人の十年（ケニア）の事務局長として発言したように、平和、平等、発展にすべての人が参加する権利と機会を持ち、責任を持つことができる社会が目標であると言えるでしょう。

また、人物としては、シャーリー・ウィリアムズ（1930～2021、英国貴族院議員）が社会の安定と平和を目指して活動していたのもこの分野であり、人権と民主主義に加え、危険のない社会も大事だという考えの持ち主でありました。そのほか、公私混同しないで社会生活を送れると信じていたアンナ・リンド（1957～2003、スウェーデン外務大臣）が、2003年にスウェーデンのデパートで刺殺されたことは、安全な国というイメージがあるスウェーデンだけに、社会的には大きなショックを与えたニュースでした。また、日本でも近年、クリニック放火事件や、受験生刺傷事件、商業雑居ビル放火事件など、安全といわれている日本社会も、決してそれほど安全ではなく、秩序の乱れが如実なのかもしれません。特に、選挙応援演説中の安倍元総理の銃撃死亡事件は、日本全体にとって大きなショックでした。

地域社会ということを思料するに当たり、地域社会という定義は、固定されているものではないということを考えなければなりません。

例えば、英国のエマ・ニコルソン貴族院議員が、イラクとイランの間の湿地帯に住む女性と子供の健康と教育に関する慈善団体を設立した背景には、あの地域社会の安定した平和を願ってのことという話があります。

私たちの住むある種の進んだ社会というのは、必ずしも、便利で物質的に恵まれているわけではないことを理解したいと思います。私たちにとって、まずは安全な社会であること、教育環境が充実していること、医療体制が整っていること、住環境が整っていること、人々が思いやりがあり優しいこと、民主主義のガバナンスが整っていること、自治体の経済状態が健全であること、家庭環境が整っていること、自然災害が起きた時に避難できる体制が整っていること、社会が復興・復旧できる耐性があること、などが総合的にまとまっていることが求められているのです。

総合的にまとまっている地域社会、例えば、デンマークの首都コペンハーゲンのようなスマートシティもそのモデルの一つとして挙げることができるでしょう。そして、オランダのように海より低い土地の多い地形の国では、１００年持つような構造のフローティング・ハウス

（浮く家）やビルディング、そして、フローティングな街並みまでチャレンジしている国も、その例のひとつかもしれません。

地域社会の安全保障の中には、災害に強く、パンデミックが起こっても、命を守ることができる社会をつくり上げるためのチャレンジ、そして突発的に何かが起きた時にも社会の耐性、回復力、復旧力などソーシャル・レジリアンス体制への期待も含まれるのかもしれません。

また、社会的弱者への対応は、地域社会の安全保障の基盤となる大切な分野です。特に、中東イスラム圏においては女性に対する偏見も強く残っていることはご存じのとおりです。その中東のカタールでは、モーザ妃が、Education City をドーハに設立して、科学、医学教育の推進と発展に力を入れられ、それと同時に、女子教育にも非常に力を入れておられます。そのモーザ妃から、私がドーハで会見した時に言葉を交わした中で、期待していた日本の大学がまだこの地に進出していないのが残念だと語っておられたことが記憶に残っています。

ヨルダンのラーニア王妃は、私がお手伝いした日本での女性との意見交換会からの知見を上手に生かされて、自国において、女性のための職業訓練学校を設立されたり、児童虐待防止計画を推進したりと、社会的弱者の地位向上のために貢献して地域社会の安全保障に邁進されています。そして、国際的立場としては、ＵＮＩＣＥＦ親善大使も務めて、全世界に発信されています。

また、人物としては、先進国といわれるデンマークのメアリー皇太子妃は、「働くロイヤル」として人気を博しています。それは、働く女性のイメージとロイヤルとしての公務とは、服装もイメージを変えて行動されているからだと思います。働く女性としては、特に女性と若者の地位向上に尽力し、ＯＥＣＤを筆頭にさまざまな国際会議でも、基調講演者として高評価を得られていますが、そのような時の服装はＺＡＲＡというアパレルブランド、いわゆるファストファッションなどの低価格で普通の人が買える服を選択して、一般の方々と同じ目線でスピーチされます。ＯＥＣＤで行われたスピーチでも、女性と子供のためのプロジェクトについて丁寧に話をされておられたことが思い出されます。その時、ＯＥＣＤの会議で私自身も登壇する機会に恵まれ、私が女性と子供に関して講演した内容を高く評価されたことも、普段から女性や子供に対して耳を傾ける活動をされている背景から自然に発せられたものだと思います。

そしてこの分野で、米国の子供の初等教育に大きな影響を及ぼしたのは、ヒラリー・クリントン（後の大統領夫人で国務長官）でした。彼女は、アーカンソー州の知事夫人の時に、アーカンソー州の公立学校改善の責任者として活躍しました。特に、４歳児教育の導入に尽力し、実際にさまざまな検証を行い、アーカンソー州は全米の幼児教育改革の先進的役割を果たしたのでした。

地域社会の安全保障を基本に照らして考えると、日本の場合は、伝統的なつながりや行事を大切にする価値観になるといわれます。それが、現代の人権、民主主義、法の支配という規範と相反する時に、どのように判断するかは、個人の考え・行動・責任にかかっている、というように考えるべきでしょう。現在は、いわゆる移行期なのです。さまざまな場面でつまずいたりすることがあっても、私たちは大きな流れの中で、将来の日本社会、日本における地域のあり方をもう一度考え直すことが肝要ではないでしょうか。つまり、経済効率の視点から一度離れてみることも大事であったり、小さな村や町がどのように生き残っていくかを知恵と工夫で乗り切る努力がもっと存在してもいいし、地域の安全保障を実現するためには、努力のほかに、費用負担も出てくるし、人員確保も必要であることをもう一度認識しなければなりません。すなわち、理想的な民主主義にならない可能性が高いとしても、民主主義を選んだ、または選んでいる以上、日本はもっと地域社会全体で、人々の覚悟が必要になっているのではないでしょうか。

⑦政治の安全保障

基本概念は、「基本的な人権が守られること」になります。

ところが現実には、政治的抑圧、組織的拷問、不法な扱いや無視などが多発していることから、正直申し上げて、政治の安全保障からは程遠いと言えます。結論を端的に伝えてしまうと、私は「政治の安全保障は揺らいでいる」と言葉で釈明しなければならないのです。過去に、ウィンストン・チャーチルは、「民主主義は最悪の政治形態らしい。ただし、これまでに試されたすべての形態を別にすればの話であるが」と言っています。言い換えれば、完璧ではないが、しかし、すべての政治形態の中で、民主主義がこれまでで一番優れている政治形態であるという意味になります。国際社会を見渡すと、専制主義、覇権主義、一党支配等々の非民主的な政治形態が増えつつあります。これはまさに、民主主義の曲がり角と言っても過言ではない状況であり、私たちは、危機感を持たなければなりません。「民主主義とは人民が主権を持ち、自らの手で、自らのために政治を行うこと」と定義付けられています。具体的には、市民が直接、もしくは自由選挙で選ばれた代表を通じて、権限を行使し、市民としての義務を遂行する統治形態です。言い換えれば、言論・信教の自由、法の下での平等、基本的人権の尊重などに象徴される政治形態ということです。

ラトビアのヴァイラ・ヴィーチェ＝フレイベルガ氏も旧ソ連の侵攻により難民となって国外脱出し、カナダで生活していましたが、故国の独立と同時に大統領選に出馬し、当選。初代大統領（１９９９〜２００７）となりました。そのような過去から、共産主義から脱却しようと努力をしていることもあり、現在もラトビアの国は、民主主義に向かおうと尽力しているのです。

また、２０２２年8月に米国のナンシー・ペロシ下院議長が台湾を訪問し、「台湾の活力ある民主主義を支持するという、アメリカの揺るぎない関与を示すものだ」というメッセージを残しました。１９９１年に天安門広場に公式訪問した際にも、その場で天安門事件に対して英語と中国語の横断幕で抗議をしたのも、人権という民主主義の基本を守らないことに対する抗議行動であり、民主主義についてのメッセージを残しています。

２０２２年2月24日から始まった、ウクライナという主権国家に対するロシアの一方的な攻撃は、非道な殺戮《さつりく》や拉致、拷問、レイプという人道上の問題も暴かれ、それを止められない国際社会、特に、国連に対する信頼が損なわれました。ますます不安定な国際社会になりつつあり、私が執筆をしている同年8月も状況は混とんとしています。ロシアの侵略行為を見て、いち早く3月3日にＥＵ加盟を宣言したモルドバのマイア・サンドゥ大統領も、5月18日に中立国の立場を変更してＮＡＴＯ（北大西洋条約機構）加盟を申請したスウェーデンのマグダレナ・アンデション首相も、フィンランドのサンナ・マリン首相も、女性だから備え持つ予防的視座と政治的感性に基づいた決断の速さのなせる行動だと考えます。もっとも、スウェーデンのアンデション首相は選出された当日、予算案の不成立で辞任するも、再び選出されたのですが、少数与党で国の方向を変える大決断を行ったことになります。その後、首相は男性になりましたが、方針は変わっていません。また、フィンランドのマリン首相は、男性のサウリ・ニーニスト大統領との二人三脚で国政を進めています。彼女たちは、民主主義の良さと比較すれば、ロシアのような専制君主主義といえるプーチンの主張は到底受け入れられるものではなく、自国へ侵攻されることへの恐怖がいかに大きいかを物語っています。そこは、どちらかというとメンツを重んじる男性の優位性とは全く別な現実主義的判断とも言えると思います。

他方、欧米のルールにのっとる民主主義のあり方を受け入れられないという考えのアジアや中南米、中東の国も多くあります。そこで、アジア流に少しゆるい形であっても、基本的には民主主義の定義を踏襲するというような枠組みのあり方を考えてみる価値があるのではないでしょうか。つまり、国際社会の分断を避け、できるだけ民主主義の国を増やすという努力を日本はできるのではないかと考えています。もっとも、法の下での平等という意味で、一つの例を挙げるのであれば、２０１０年ごろインドネシアは、外国船の違法操業が深刻な問題となり、自国の漁民は悩まされていました。２０１４年にスシ・プジアストゥティ氏が海洋水産大臣に就任し、実施した政策として、２００海里から内側に侵入した船は、すべての船員は送り返すが、すべての船は沈めるという画期的な政策方針により、自国の漁民を守ったことがありました。このような断固たる行動も時には必要だということを実証したのです。特に女性大臣の決断力と実行力は、欧米においては特に高く評価されており、私が英国に在住していた時に印象に残っている出来事の一つでありました。

そして、前段でも少し国連のことに触れましたが、政治の安全保障として、国連の役割の見直しは必要だと考えます。

今、どれだけの国において、言論を封殺され、信教で差別され、法によらない不平等な扱いを受け、基本的人権が踏みにじられている人々がどれほどいるかを考えた時に、まさに、国際社会の政治がいかに不安定になっているかに愕然となります。一方で、国際社会の不安定、政治の不安定、特に、ロシアのウクライナ侵略を止められない国際社会と国際連合への信頼が揺らいでいる今が、国際連合の改革のチャンスだととらえるべきなのです。国連改革は必要だと考える私は、日本が発足以来一度も滞納することなく、与えられた金額を払い続けているという事実、しかも、まだ敵国条項が適応されている日本という国から、第二次世界大戦から70年以上がたち、今や、国際情勢が大きく変化しているにもかかわらず、国連の構造的なひずみが国際社会の平和と安定を妨げてさえいる事実を直言する日本政府であってほしいと願います。

そして、日本政治の中枢を担う国会が国会のあるべき姿として機能し、国連に物申せる状況であることが理想であり、今のような日本政府、国会の状況がむなしく響くようでは、情けなさすぎるのです。

そして、日本は国連に対して、まずは国連憲章できちんと、「国際社会の平和と安定に資する」ことを盛り込むことに声を上げるのが第一歩なのではないでしょうか？　そして、その一歩とともに、必ず、敵国条項の撤廃を日本の首相は国連総会で声を大にしてしっかり訴えるべきです。そして、国連においては、国連の総会を最高決定機関にすることへの支持を得ることを努力しながら、現実に機能させていくことができると想像します。国連の発足当時は51ヶ国でスタートしましたが、現在では１９３の国と国際機関で構成されている巨大組織となっています。大国の発言する内容を聞くのではなく、国際的な正義に基づく判断のできる事務総長を選出することで、その役割の強化を目指し、国際社会のために全力を尽くす決意を表明すること、そして行動できる権限の強化も必要なのではないでしょうか。そうすることで、安全保障理事会の改革という最後で最大の大仕事にたどり着けるでしょう。ただし、第二次世界大戦戦勝国である米英仏中露からなるＰ５（permanent member）が拒否権を行使することは容易に想像がつきますが、事務総長と総会を強くすることで乗り越える道が開けるのではないでしょうか。

また、日本は、国連改革の第一歩として、日本が安全保障理事国の常任理事国になるべきと表明していることはご存じのとおりですが、日本が常任理事国になってできることは限られていると明確に述べておきます。それよりも、ウクライナに停戦をもたらすことに注力して、その後10年かかる覚悟で地道に王道を説いて賛同国を増やし、総会で世界の動向に影響を及ぼす内容を決めるという実績を積み重ねることが、結局は国際社会での日本の存在価値を高めると私は信じているのです。

⑧水の安全保障

日本の水道普及率は2020年で98％ですが、UNICEFによると国際社会においては2020年で約20億人が安全な飲み水にたどり着けない、そして2050年には50億人になるとさえ想定されています。

日本の水関連の技術は、高度に発達していると言えます。その技術力は世界でいうと、フランスと競うほどになります。例えば、海水の淡水化技術、下水の浄化装置、生物浄化法（EPS）などが優れているとされ、また、NGOでは井戸掘りでも大きな貢献をしている事実があります。

水との関連事業としては、長年にわたり、中国への支援を続けてきた植林及び森林再生の技術は、国際社会に誇れるものだと言っても過言ではありません。これは、現在の状況を考えると、中東諸国やアフリカ地域で日本をアピールできる有効な手段といえます。この発想と技術については、北海道の襟裳岬《えりもみさき》で植林をしたところ、魚が集まってきたことでも立証されています。

水がなければ、すべての動植物は生存の危機にさらされるのですから、日本の技術で世界の水不足の人々を救うことができれば、極めて大きな貢献となりましょう。

日本は外交的な国際貢献として、「水のエキスパート国」として、もっと水の安全保障に寄与すべきであり、そうすることができると訴求するべきではないかと思います。

また、水の安全保障としては、水害からの防災も、災害国家といわれる日本の知恵や工夫が国際的にも役立つのではないでしょうか。それは、津波だけでなく、国際的には洪水で苦しんでいる地域が増えてきているからです。例えば、東日本大震災から学んで、現在、国際津波防災学会などで研究している多目的防潮堤や開発中のフローティング・ヴィヒクルズ（浮遊車両）やAIを使用して災害警告や避難警告を実測に基づき発信できる防災スマートシティなどです。また、オランダのフローティング・ハウスとの共同研究なども視野に、この分野でも日本は国際社会に寄与できると確信しています。

⑨エネルギーの安全保障

エネルギー問題は、世界共通の課題と言えるでしょう。

太陽光発電や風力発電はすでに世界で多くが稼働していますが、まだ十分活用されていない潮力発電、波力発電、海洋メタンガス発電、地熱発電を日本はもっと予算と人手をかけて、適切な価格で稼働できるように、国を挙げて注力すべきだと考えます。

　このたび、EUは原子力発電をクリーンエネルギーと認定しました。

　日本は、地下資源に極めて乏しい国です。私たちは2011年3月11日に発生した東日本大震災の津波による福島第一原子力発電所事故をきちんと総括することで、そこから学べる多くのことを生かして、原子力発電所の安全化を図り、それを国際的に各国の原子力発電所の安全対策に貢献・寄与することも、日本の使命であると思っています。実は、1999年に動燃（動力炉・核燃料開発事業団）で若い担当者が核燃料をバケツですくって被曝《ひばく》死した事故がありましたが、それに対して、日本政府は何の対策も講じようとしなかった過去があります。すなわち、それは不幸な、不運な事故であったという認識と理解だったのです。本当にそれが正解なのかという問いかけをしたくなりますし、本来防げたであろうこと、つまり防げる事故で若い命が失われるのは、日本の母親の視点から見ると、とてもむなしく悲しくてたまりません。

　そのような事故が日本で起こったことをきっかけに、私は、1979年に起こったスリーマイル島原子力発電所事故の後、原発の規制が非常に厳しくなった米国の実状を調べたいと米国政府に相談した時に、「ヤマナカさん、あなた自身が調査に来るのですか？　秘書が来るのですか？」と聞かれました。「もちろん、私自身です」と答えると、ワシントンにあるシーメンスの燃料工場、カリフォルニアの原発使用の電力会社、そして、リバモアの核研究所で専門家の方々との意見交換、実地検分などを設定してくれたのです。

　実は、リバモアの核研究所は、原発のみならず核兵器製造も管轄しているので、外国人、特に政治家は絶対に入れない規則なのだそうですが、現職の衆議院議員だった私には特別に許可が出たとのことでした。この対応は、米国が私を信頼してくれた証左です。後に原子力の専門分野で仕事をしていた故与謝野《よさの》馨《かおる》さん（元衆議院議員）がやってきて、「ヤマナカさん、どうして受け入れてもらえたの？　私が何度お願いしても、許可が出なかったのに……」と言うのです。米国のような国は、関係ある国の国会議員と米国との関係や、日常の活動のほとんどすべてを把握しています。特別扱いしてくれたことに感謝して、すべての報告と日本への提言を「フェイル・セイフ」、つまり一度失敗してもそれを回復、取り戻す、補助装置がきちんと装備されている危機管理という観点で日本語と英語でまとめました。そして、当時の科学技術委員会で、特別に2度質問を行い、原発の安全基準と万が一の事故の時にそれをカバーできるシステムの構築、そして同時に太陽光や風力発電などのエネルギー開発で、家庭用の電力は不安定な自然エネルギーを使用し、製品に影響を与える業務・工場などは、安全性を確認された場合には原発を使用するという提案をしたのでした。しかし、その当時の自民党の反応は、「ヤマナカさん、寝た子を起こすような質問をしないでほしい」と小言をいただいた状況であり、野党民主党は全く無関心であったという残念な状況だったことを覚えています。わずかに東京電力だけが、もう少し話を聞きたいと言ってきましたが、２０１１年の福島第一原発の事故の直後に、東京電力の会長から、「あの時の提案書はまだありますか？　是非、再度勉強したい」との申し出を受けて、当時滞在していたケンブリッジ大学から4月に急遽一時帰国して、薄暗い東京電力本社で社長と会長に資料をお見せしながら話しました。その時の感触では、半年くらいで後始末ができるとのもくろみをお持ちだったようですが、なんと２０２２年現在、10年以上たっても処理水の海洋放出問題で揺れていることを見ても、大事故を起こしたのは現実なのです。そしていまだに後始末ができていません。

数年前に中国は、40基の原発を建設すると発表しています。万が一、中国で原発事故が起これば、考えられる風向きから、ＰＭ２・５や黄砂のように、放出された放射性物質が日本に到達する恐れもあることを考えておかなければいけません。東日本大震災以来、中国は多くの原子力関係者を日本から招聘していることは事実です。この分野において、日本と中国が本当に協力をして、今後の原発事故を防ぐノウハウを開発するために、真剣に向き合うべき時が来ているのではないでしょうか。

また、ＯＰＥＣ（石油輸出国機構）が今後、石油や天然ガスの価格をどうするのかということが大きな影響を与えると思われますが、米国では石油埋蔵量も相当多いということ、またシェールガスもリザーブされているということで、日本が米国と同じような感覚で行動を共にしても、石油も天然ガスも日本にはない、という現実を考えなければなりません。

さらに、自然災害の多い日本においては、ブラックアウトの経験もあり、代替エネルギーの確保は喫緊の課題であり、どのように考えていくのか、ということです。ノルウェーの事業者が北海道沖で風力発電に挑戦する、と発表していますが、さまざまなエネルギーを活用するエネルギーミックスの政策をさらに充実させることも、私たちが考えるべき使命の一つであり、それが必要と感じます。２０２２年８月に、ロシアのウクライナ侵略によるエネルギー不足を理由に、日本の総理大臣は突然、原発の再稼働を宣言し、さらに、40年の使用期限を延長することにも言及しました。ご承知かと思いますが、福島第一原子力発電所は米国から購入した初期の原子炉であり、耐用年数を超えて使用することを政府が許可して間もなく勃発した事故でした。これまでの一回20年の延長でさえ、私は不安を抱いているのです。総理は海外の事例に基づくと説明しましたが、多くの火山帯のある地震大国日本の国土事情において、専門家による検討を経ずに、海外の事例に基づいて総理が性急に決定する、つまり、現状認識と科学的検証なしの決定は妥当なのか、決定の背景と事実認識、将来ビジョンに関してきちんと説明責任を果たせていないことを非常に心配しています。

1969年に国連が東シナ海で海底の自然資源の調査を行った折に、調査結果から、何か資源らしいものがあるようだと発表した途端に、中国が尖閣諸島の所有権を主張し始め、その周辺の海域でのエネルギー開発を、国際ルールを無視して開始しています。その結果、日本と中国は当海域での共同開発することを2008年に両国で約束を交わしたものの、一向に実現していない事実はご存じでしょうか？　また、南沙諸島や西沙諸島では、1970年代初頭に国連が海洋資源調査を行いました。そこでも、〝何か資源らしいものがあるようだ〟との報告が発表された途端に、近隣6ヶ国（中国、台湾、ベトナム、フィリピン、マレーシア、ブルネイ）が、一部または全部の所有権を主張しました。しかしながら、各国の主張とは裏腹に、岩礁を埋め立て飛行場まで建設した中国が実効支配しているという現状があるのです。

ロシアのウクライナ侵略という惨劇にもかかわらず、2022年夏になっても、国連や各国が行うロシアへの経済制裁が今一つ機能しない理由には、ロシアには天然ガス、石油、石炭があり、欧州はじめ、アジアもアフリカもその資源に依存していることがあります。それが、今回のロシアの侵略を止められない理由の一つなのです。繰り返しになりますが、欧州がエネルギーのロシアへの依存度を下げる努力をしても、その分は、中国やインドが大量に購入しており、さらには、木材をはじめさまざまな産物を中国が大量に購入しているので、西側の経済制裁が期待されたほどの効果をもたらしていないという事実を直視しなければなりません。

実は、ロシアという国は、クリミアや南オセチア、アブハジア等々の国々と領土問題を起こしているのみならず、数年前には、北極点周辺をロシアの有人潜水艇が海底探査をして、海底にロシアの国旗を勝手に立てたのです。そこがあたかもロシアの領土であるかのような示威行為をしています。その行動に対して、北極に面している国々で会議を続けているのですが、ロシア側に撤回する行動をまだとらせてはいません。

それに加えて、南極条約の期限である２０４８年には各国の資源争奪戦が勃発しかねない、という懸念もあることを、私たちは考えなければならない時かもしれません。

つまり、人間の安全保障においては、エンパシー、すなわち、共感、人の気持ちを思いやること、他人と自分を同一視することなく、他人の心情をくむこと、という女性の視点が不可欠な時代になってきていると気づくことが重要なのです。日本の政治・産業・社会には、まさにこの視点が足りないことを認識すべきであり、未来のために日本国民が取るべき行動と方向を直視しなければならないのです。

第3章

リーダーが考えるべき予防外交

1―1　予防外交

次に、「予防外交」という概念です。私は、この概念は今の国際社会には極めて必要で、事の本質を解決できるものであり、それは日本からの発信で、再び国際連合の柱の一つに置くべきであるという信念で活動してきました。この予防外交は、平和国家日本が国際社会に貢献できる数少ない分野の一つでもあるからです。

最初に外務委員会でこの概念を披瀝《ひれき》したところ、翌朝の8時に電話が鳴りました。なんと当時の小渕総理でした。「ヤマナカさん、あなたは昨日の外務委員会で『予防外交』と言っていましたね。それはどういう概念なのか教えてほしいのですが……。でも時間は10分しか取れないのですが、いいですか?」。一国の総理大臣が1期生の外務委員会での質問について、いわゆるブッチホンと呼ばれていた直接電話を掛けてくるとは、びっくりしました。それで、予防外交に関する資料を取りそろえ、ふせんを貼り付けて、短時間で論理的に理解し把握できる状況にして、官邸に行きました。すると、小渕総理は自らマーカーを持って、大事な箇所に印をつけているのです。実は、小渕恵三という人物は、国際派には見えないのですが、働きながら29ヶ国をまわった時期があって、国際的な関心も高い総理でした。また、社会的弱者にも理解があり、私は、初めてお会いした時に、この方が総理大臣で良かったと思ったものです。その後、さまざまな場面で、ブッチホンで呼ばれて説明しました。特に、非伝統的な安全保障や環境問題に関心が強かったように思います。ですから、その後、資料を抱えて官邸に何度も足を運びました。メディアの人たちも「ヤマナカ先生、今日は何についてのレクチャーですか？」と声を掛けてくることもしばしばでした。政治に「もし……」はないですけれど、「もし」小渕総理が存命で、総理を続けていたら、日本のあり方も今とは違っていたかもしれません。

外務大臣政務官の時には、若手の外務官僚の方々が、予防外交・平和構築・PKOなどに関して勉強したいというので、6ヶ月にわたって、毎週金曜日の1時間を勉強会に充てました。彼らは、キャリア組もノンキャリア組も、とても熱心で、自分たちの出張の折にも、予防外交・平和構築の視点で調べてきて発表するなど積極的に活動しました。そして、日本にも平和構築のできる人材を育成したいと強く望むようになっていきました。しかし、外務省としては予算もないのでできないとのいつものパターンでしたが、その十数名のメンバーがあちらこちらから、予算の余剰分をかき集めてきて、是非、人材育成機関をつくりましょうと動いたのです。すると急遽、外務省として予算が取れたということで、現在の広島平和構築人材育成センターを立ち上げることができました。

また、平和構築発信大使として、ヨルダン、イスラエル、パレスチナを訪問しましたが、パレスチナの大学で講演した日本の国会議員は初めてと言われました。もちろんイスラエルにおいては、故ゴルダ・メイア元首相が創設して隔年で行っている「女性大臣会議」に初めての日本人として招待されました。29回にして初めてということは、58年間日本からは誰も出席していなかったことになります。私は、大臣ではなかったのですが、複数の推薦を受けてオファーがありました。それは、単に英語が話せる大臣というカテゴリーではありません。まず、専門的な講演ができること、セッションの議長ができること、大統領に提出する議定書の作成ができることという3条件がそろった大臣を毎年世界から30人招くという国際会議でした。3日間秘書も通訳もなく缶詰め状態での参加でした。当時のリブリン大統領はリクードでしたが、和平派で、このまま行くとイスラエルは中東で孤立する可能性が高いので、パレスチナと和平交渉を加速すべきだという考え方でした。私がパレスチナに行く予定と知って、アッバス議長へのメッセージを託されました。英国は二枚舌を使って、イスラエルを建国した責任があるので、積極的には表立って活動できないが、日本が和平交渉をするなら全面的に応援するというスタンスでした。また、米国は学者、メディア、金融のトップクラスにずらりとユダヤ系の人脈が連なっており、どうしてもイスラエル寄りの提案をするので、仲介役を務める意向はあっても、現実には公平な仲介者にはなれません。ですからこそ、日本がノルウェーなどと協力しながら、粘り強く努力すれば、仲介者としての役割を果たせて、国際社会の平和と安定にも資することができ、高い評価を得られるのに、米国や英国の理解と後押しを受けて動く積極性が見受けられないのが、残念です。

拉致問題で、横田早紀江さんに同行して、米議会での証言にも立ち会いましたが、日本が独自に北朝鮮と交渉するのは不可能に近いということを認識しています。しかし、米国や中国が仲介してくれると期待するのも、ほぼ幻想に近いと感じています。スウェーデンの安全保障のシンクタンクは毎年のように、米国、中国、韓国、日本と北朝鮮の5ヶ国会議を開催し、完全に非公式・非公開で3日間、郊外のお城を借り切って、会議をしてきました。私も何度か招待されて出席しました。非公式・非公開の会議であっても、米国、中国、韓国、北朝鮮は政府が旅費を支払い、資料も準備しているわけで、その成果はきちんと国に報告され、活用されています。しかし、日本だけは、外交は外務省の独占でなければならないという意識が強く、これは非公式・非公開なので支援できないというスタンスでした。ある年、北朝鮮から女性の代表が2名出席したことがあります。一人は外交官の父の下で育ち、もう一人は選ばれて平壌の特別機関で外国語をはじめとし、さまざまな特訓を受けたというスラッと背の高い若い女性で、堂々と自国の正当性を述べていました。こういう人々が育っているのを目の当たりにすると、気がついた時には、女性の登用が日本より進んでいる可能性もあります。日本外交の範疇と、国際社会の外交の範疇は、まことに違いがあります。韓国と北朝鮮を停戦させなければ、拉致は戦時中の犯罪だと主張し、日本が約束を破ったと国際社会が認識している以上は、北朝鮮からの回答は期待できないと言えます。ですからこそ、小泉総理の時のように下準備を十分にして直接乗り込むか？　あるいは、停戦を終戦にして、戦争犯罪として調べるか？　どちらかの可能性を追求するかということになります。予防外交的に言えば、停戦の後は終戦交渉ですので、日本は独自にどうするべきかを決めて、その方向を実現すべく米国や中国と連携の道を探ることが期待されます。

また、女性国会議員10名ほどで、中福祉中負担研究会を6ヶ月続けて、報告書をまとめました。この会では、財務省の担当者や外部の有識者を講師に迎えて学びながら、英国のようにあまねく国民が購入しなければならない水や食料などは非課税にし、他の物品には15％の消費税、15歳以下の医療費は無料にするなど子供に掛かる費用を軽減する。しかし、北欧のような高福祉高負担の国とは異なり、同時に米国のような国民負担の重い国とも違い、日本はある程度は国民自身も負担するが、子供や高齢者、ハンディキャップのある人に優しい税制にする中福祉中負担を提言しました。この時も、全員が熱心に議論に加わり、当時の麻生総理大臣に提案書を手渡しました。すると「えっ、これを女性議員がまとめたの？　大したもんだ！」と喜んでくれましたが、次の選挙の公約には全く反映されず、皆ガッカリしました。この提案書は、今でも、女性の視点を十分に取り入れて、日本のあるべき姿を示したものであると確信しています。

さらに、ケンブリッジ大学にいた時に、当時の安倍総理が提唱した「ウーマノミクス」と「積極的平和貢献」の2つの命題を、米国のワシントンDCとニューヨークにある大学5校と、シンクタンク数か所で講演する機会がありました。その折、多くの女性たちから、「日本は女性に関する国際会議をしたことがないですよね」と言われました。実は、2005年の北京女性会議開催にあたっては、当初、日本に打診があったのですが、NGOの女性会議などとてもやっていられないという政治、及び産業界のリーダーたちの判断で断ったのでした。その間隙をついて中国が開催を申し出たのです。

その経緯も承知しておりましたので、これはそろそろ日本でも国際的な女性会議WAWを開催しなければ、日本の女性蔑視という評判を覆すことはできないと考えて、女性や若者支援に熱心だった昭恵夫人の賛同を得て、安倍総理大臣に世界女性会議を東京で開催することを提案し、2014年に第1回が開催されました。もちろん、男女平等や女性の権利というような世界そこかしこで行われている女性会議ではなく、後発日本としては、ウーマノミクスという女性の経済活動と積極的平和貢献という女性の非伝統的な安全保障という2つの大きな視点で構成される内容でした。第一回目は、外務省は予算を人手も無いとのことで、国際問題研究所に諮問委員会を設置し、経団連会館で参加者の半数はビジネス・大学関係の男性でしたので、男性と女性がともに共通の理解を持って社会を進めていくべきであると考えている私にとっては、大変良い形で、高い評価を得ました。これをきっかけに日本の女性登用も前に進むと期待を持っておりました。

ちょうど、アジア女性のための大学がバングラデシュに創設され、そのパトロンの昭恵夫人と学校長だった英国のシェリー・ブレア夫人は、2人とも総理大臣の家庭内野党とマスコミにたたかれていたので、この2人の対談は非常に現実的で面白く、観客席の安倍総理はハラハラして、マイクを持って質問されたので、会場は大きな笑いに包まれて、大好評であり、大成功でした。

しかし、2回目からは、素晴らしいメンバーの諮問委員会を閉じて、全面的に外務省と内閣府で取り仕切る形になったところ、参加者のほとんどが女性で、取り上げるテーマも、よくある女性特有のものになってしまいました。発足当時から協力してくれていた米国、EU、NATO、国際赤十字など世界各国の仲間から、このままではマンネリ化してつまらなくなり、レベルがどんどん下がるという忠告を受けました。しかし、外務省と内閣府は背景哲学を持たずに形を踏襲したので、イバンカや有名人など目玉になる人を招かなければということで、大変な時間や労力を費やしていました。忠告どうり、結局2回目からは中身は何も得られないという状況に陥ります。

そこで、2017年に、国連の女性週間にこの2つのテーマでセッションをしてはどうかと提案したところ、外務省は海外で行う予算も人手もないとのことでした。すると、国連大使の尽力と、協力者である国際機関の専門家たちが自費で参加してくれて、パネリストや質問者など超一流のメンバーとなりました。当日は、立錐《りっすい》の余地がないほどの参加者となり、日本からの参加者は、日本がこうしてセッションを開いてくれて、とてもうれしいと喜んでくれたのが印象深かったです。東京だけで決まった人脈の中で毎年繰り返すのではなくて、一回でも大きなインパクトを与えられれば、そこからいろいろな動きが広がり、人々の女性に対する意識を啓発できるシャイン・ウィークスも提案したのですが、別の形になってしまいました。あるいは、毎年行うのならば、その年のテーマをきちんと決めて、そのアウトプットとして、どのように日本の女性の社会進出が後押しできるかを考えて企画するのも有効です。しかし、残念ながら、日本ではアイディアを出した人が評価されるのではなく、そのアイディアを実行する組織・資金源が物を言い出す傾向があります。それは、ビジョンや実現すべき手立てもなく、ただ、同じ形を毎年年中行事として、多額の費用を使って行う日本型の典型的な例です。特に省庁はその傾向が強いのです。2022年にWAWが再開されることになりましたので、今度こそ、1回目のような中身のある国際的会議になってほしいと願っています。ロシアのウクライナ侵略をどうしたら、やめさせられるか？　どうやって両方を即時無条件で停戦させられるか？　世界から専門家や、関係各国の女性首脳を招き、日本がリードして停戦への動きを加速させるために、予防外交の第3段階である「停戦させる」好機です。国会の中にこれを主導できる女性議員がいるのかどうか、注視しているところです。

1-2　概念と経緯

「予防外交」という概念は、1960年に国際連合の第2代事務総長ダグ・ハマーショルドが、当時は東西冷戦時代であったので、東西間の緩衝的役割と、国連平和維持活動の役割の重要さの説明として提唱したのが最初です。しかし、ハマーショルドは飛行機事故のため任期半ばで死亡したので、この予防外交という概念は、具体的に遂行されることはありませんでした。

1992年になって、第6代のブトロス・ブトロス＝ガーリ国連事務総長によって、改めて予防外交が明確に定義付けされました。この時期は冷戦が終結し、「瓶《びん》の蓋が開いた」と形容されたように、世界各地で内戦が勃発する時代でしたので、東西冷戦というよりも、多くの地域的な紛争や戦争に対して国連が果たす役割という解釈を生みました。彼により提唱された予防外交とは、「あらゆる主体によって行われる国内的また国際的な紛争の発生や拡大を未然に防ぐための非強制的な行動」と定義されました。すなわち、信頼醸成措置（CBM）、事実調査、早期警報、予防展開、非武装地帯の設定などの手段により、紛争当事者の合意に基づき紛争地域の平和形成に取り組む行動であるというわけです。ただし、いざという時には軍事力の使用も辞さないという、明確な意思表示があることが前提となっています。

予防外交は国連の基礎ともいうべきもので、事務総長の調停のもとに、争いの発生を防ぐとともに、現に存在する争いが紛争へと発展する前にその解決を図り、もしくは紛争が発生した場合はその拡大を制限します。それは仲介、調停もしくは交渉の形をとることもあります。早期警報は予防のために不可欠な要因で、国連は国際の平和と安全への脅威を探知するために世界の政治的発展やその他の発展を慎重に見守り、安全保障理事会と事務総長が共に予防行動をとれるようにしているのです。

しかし、当時は東西の軍事大国、軍事産業大国からは受け入れられなかったという経緯がありました。

21世紀になり、ポストコロナの時代になればなおのこと、この概念は、紛争・戦争のみならず、自然災害やパンデミックに援用することができる優れたコンセプトであることを再認識すべきでしょう。さらに言えば、２０２２年のロシアのウクライナ侵略を目の当たりにした今こそ、改めて、多くの国連加盟国がこの予防外交の概念を再認識して、それを実施できる国連であってほしいと望む状況に国際社会は変化してきました。

この概念をわかりやすく説明すると、以下の４段階で表現できます。

戦争・紛争

①紛争・戦争の勃発を防ぐ

②紛争・戦争の拡大を防ぐ

③武器の行使をやめ、停戦する

④終戦・復興と再発防止

現在係争中の紛争・戦争の40％以上が再発です。これは、③の停戦までに介入した国際的な組織や国などが引き揚げてしまう傾向があり、④段階の復興をさせ再発を防止するところまで関与しないことが、大きな原因だと考えられます。したがって、④の復興と再発防止を見守る、すなわち、平和維持軍の活動を支えることが、いったん介入した組織や国の責任であると言えます。

1−3　韓国と北朝鮮

例えば、隣国の韓国と北朝鮮は現在停戦中であり、まだ戦争中という状態です。したがって、③武器の行使をやめた段階なので、それを終戦に持っていく努力を傾注すべきです。

拉致問題は、すでに40年以上も経過しており、朝鮮戦争の最中、つまり戦時中の拉致行為であり、しかも、敵国の韓国と米国を支援した日本も敵国であるという論法がまかりとおっているのです。拉致問題の解決の方策は行き詰まっているので、特に日本としては停戦ではなく、終戦へ向けての努力を国際的に展開し、戦後処理として、拉致問題に関して調査・回答を促すという解決方法も視野に入れる必要があります。拉致被害者の年齢などを考慮すると、このまま拉致被害者が次々と亡くなることは看過できません。近年の北朝鮮のミサイルや核の開発実験には、戦時中ということも口実として使われているのです。

1－4　イスラエルとパレスチナ

国際社会における根源的な紛争であるイスラエル・パレスチナ問題も、国際社会、特に国連は解決の好機を見逃さないように、予防外交の視点から俯瞰して解決に向けた戦略を立てる時です。その理由は、まずひとつは、イスラエルとパレスチナという中東の根源的問題を、イスラエル建国に携わった米国や英国ではなく、どちらとも関係の良い日本が国連と連携して、2国共存の道筋を付けることにチャレンジする意義が大いにあるからです。次に、イスラエルにおいては、これまでにない政治環境が訪れていることです。まず、イスラエルのヘルツォーク大統領は中道左派の労働党であり、国家主義者ではありません。大統領はシンボル的存在といっても、実際に近隣諸国を訪問して、イスラエルとの協力拡大に動いています。2021年に就任したベネット首相は右派国家主義政党に属す和平反対派ですが、複雑な8党連立政権により2023年には首相が中道派政党のヤイル・ラピド党首に交代する予定になっています。さらにこの8党には、イスラエル史上初めてアラブ・イスラム主義のラアムというパレスチナ系の政党も連立内閣の一翼を担っています。ですから、2023年に向けて、日本はこのイスラエル・パレスチナ両国の和平、すなわち1967年の国連合意に戻れないとしても、両国の位置関係をよく精査して、パレスチナが一つの国家として自立できるように努力すべき時です。すなわち、パレスチナが主権国家として、イスラエルの国土を経由せずに海外との交流をできるようにする方向で、和平への動きを静かに始める好機なのです。

日本政府は米国へ遠慮があるのか、この役割を担おうとしませんでした。平和国家を標榜する日本政府はこの和平への努力を積極的に行える立場にあり、政治的なチャンスが2023年に来ることを認識し、そこに焦点を絞って、米国をはじめ国際世論を形成するための戦略を練って、粛々と努力すべき好機が来たのです。もちろん、イスラエルにおいて政変が起きる可能性もゼロではありません。議席を最高数確保しているのはリクードなので、またベネット首相が居座る作戦を考えているかもしれません。しかし、日本は和平にチャレンジしてみる価値はあります。まさに、予防外交の第3段階から第4段階に移行できるタイミングであり、これを逃せば、この地域の平和構築の機会は当分の間遠のくこととなるでしょう。

そして残念ながら、結局2022年11月に右派とうまく連携したリクードが復活してしまいました。この経験から、イスラエルの政治状況を注視して、チャンスが来たら速やかに助ける準備をしておくことは平和国家日本としては大事な視点です。

1－5　ウクライナへの侵略

予防外交的な視点で、今回のロシアのウクライナ侵略を見てみると、残念ながら、①の紛争・戦争の勃発を防ぐと②の紛争・戦争の拡大を防ぐという2段階までは、国連も国際社会もほぼ無策であったと言えます。

NATOは2008年に、ウクライナとグルジアのNATO加盟申請を発表し、両国もその用意をしましたが、その途端に、ロシアはグルジアへ侵攻し、アブハジアと南オセチアを軍事的に占拠しました。まさに予防外交の①紛争・戦争の勃発を防ぐ時期であったのですが、国際社会も国連もほとんど何もせず、その努力が不十分でした。この国際社会の反応を注意深く見ていたロシアは戦略的に、さらに次の段階へ行けると踏んだ可能性が高いのです。

2014年に、ウクライナではマイダン革命が起こり、親露政権を打倒しました。途端にロシアはクリミアに侵攻し、クリミアを併合しました。この時ロシアはクリミア内で国民投票の形式を踏んだので、国際的な非難も中途半端でした。また、国連も総会で約100ヶ国が非難決議に賛成しましたが、安保理ではロシアの拒否権で平和維持軍の派遣をしませんでした。これは、予防外交の段階「②紛争・戦争の拡大防止」を行うべき時であったのですが……。具体的な措置としては、G8は1998年からメンバーに加えていたロシアを追放しました。しかし、1998年からの15年間に、G8の国々、特に地理的に近いEUにおいては、ロシアの天然ガス、石油、石炭などの化石燃料に依存する体制が確立されていたので、ロシア経済はほとんど無傷だったと言えます。

2014年に米国はバイデン副大統領のイニシアティブで、ポロシェンコ大統領にウクライナ憲法に「NATO加盟は努力義務」という内容を入れるよう要請しました。したがって、2021年に発足した米国バイデン政権は、ウクライナを敗北させられない立場に置かれているのです。しかし、領土争奪戦で何世紀にもわたり戦争を繰り返してきたヨーロッパと異なり、米国は、世界の警察官として最先端の武器を使用して、第一次世界大戦、第二次世界大戦、ベトナム戦争、アフガン戦争、イラク戦争、シリア戦争などで交戦した経験がありますが、実は自国内で海外との戦争をした経験がありません。2011年のニューヨークの同時多発テロを米国では戦争ととらえ、客観的なデータも精査せず、アフガンとイラクを攻撃し、その後遺症は今でも、国際社会を不安定にしています。

今回のロシアのウクライナ侵略に関して、米国政府は抑止力としての軍事オプションを最初から放棄したように見えました。これは、予防外交的には「いざという時には、軍事力の使用も辞さないという明確な意思表示」を、自ら最初に放棄してしまったのです。米国がきちんと予防外交の本質を理解していればあり得なかった選択肢でした。ですから、米国のこの意思表示は、周到にウクライナ、特に、黒海沿岸の支配を狙っていたロシアに大きな隙を与えた可能性は否めません。

①と②が機能しなかったので、「③武器の行使をやめ、停戦する」がウクライナ国民や街・国土のこれ以上の犠牲を止めるためにも、2022年8月時点では、最も重要でした。すなわち、ロシアに武器の行使をやめさせることです。ロシアとウクライナでは、国力も軍事力も圧倒的な差がありますから、欧米諸国が武器を供与してもウクライナ人の犠牲者は増え続ける可能性が高いでしょう。さらに、欧州がロシアからの天然ガスの輸入を制限しても、その分は中国やインドが購入し、中国は木材などの産品も大量に購入しているので、経済制裁は期待ほどの効果を上げないであろうことは容易に推測できます。また、西側の結束も、エネルギーが高騰し、食料品などの物価も高騰すれば、国内を抑えるためにはウクライナへの国庫予算を使用できないでしょう。長期化はロシアの望むところなのです。

だからこそ、ロシアが応じるかどうかの確証がなくても、国際社会は停戦の実現に向けた努力を何度でも繰り返すべきではないでしょうか。

では、具体的には誰が何をすればいいのでしょうか？　本来、国連の責務であり、安全保障理事会と国連事務総長が協力して取り組むべきなのですが、拒否権を持つ戦勝国連合のロシアは安保理事会を無力化させているのです。ですから、その非常事態の場合は、国連事務総長が職を賭してでも、積極的に取り組むべきであると私は考えています。マリウポリ製鉄所から避難民を救出し、オデーサ港から穀類を輸出できるようになったのは大事なことです。しかし、国連事務総長は、人権高等弁務官と難民高等弁務官を同伴して、プーチンに侵略をやめるよう何度でも説得すべきです。しかし、ロシアはそれを無視するのであれば、無条件の停戦をさせる努力に傾注すべきではないでしょうか？

２０２２年９月の国連総会は、ロシアとウクライナの停戦への圧力を掛けられる大きなチャンスでした。平和国家を標榜する日本が、米国、英国、カナダ、北欧諸国、そして中国やインドとも相談して、無条件の「両国の即時停戦」への賛成国が１５０以上の新たな国連総会決議を採択して、グテーレス事務総長を強力に後押しして、とにかく、武器を置かせることに注力すべきだと考えました。占領地を不当な人民投票を装ってロシア化する前に総会を動かさなければ、事態はより複雑になり、解決のハードルが上がってしまいます。

ロシアは振り上げた拳を下ろすきっかけが必要ですし、ウクライナは自国の主権を放棄できません。さらに残念なのは、今は国際社会をまとめられる国際的なリーダーが見当たらないことです。逆に、国連改革の端緒として事務総長に毅然とした態度で、まずは一番大事な「停戦させること」に注力すれば、事務総長の権限を強化できるのです。それは、軍事同盟の米国と隣国の中国とロシアのはざまにある日本だからこそ発案できる立ち位置にいるのです。

このまま長期戦になると何が起こるでしょうか？　まず、現実を直視することが肝要です。ロシアとウクライナの国力、軍事力を比較すると、ある程度の西側からの武器援助があったとしても問題になりません。また、西側の経済制裁は期待したほどの効果は得られないでしょう。その現状から類推すれば、長期化すればするほど、ウクライナの人々の犠牲が増え、街が破壊され続けるうえに、ロシアに実効支配されたウクライナ国土が増える可能性が高いのです。また、西側の武器供与、国際社会の団結も、それぞれの国の国民がエネルギーをはじめ物価高で苦しんでいる期間が長くなればなるほど、正義感は薄れていくかもしれません。国家予算を国内に回さなければならなくなる可能性も大きいです。

ですから、ロシアはこのウクライナ侵攻を何とか長引かせようとNPT（核不拡散条約）や安全保障理事会などを使って抵抗していますが、国際社会や国連がそのペースに巻き込まれていくのが見えるようで、気が気ではありません。ですから、一刻も早い停戦を実現しなければならないのです。それには、中国やインドを含め多くの国が反対できないように条件を付けない「両国の即時停戦」、すなわち軍事行動の停止を決議することだったのです。即時停戦をした後は、国連の停戦監視団を要所要所に配置することが必要で、これは、国連の総会で乗り越えるチャンスです。

終戦までの交渉は、国連が関与しても何ヶ月、何年かかるかもしれませんが、少なくとも武器を置く停戦が実現すれば、ウクライナの人々は帰国できるし、復興や農業などの日常生活を取り戻せるわけです。そのチャンスをみすみす見逃しました。

平和国家を標榜する日本は核兵器を作る技術、財力、原材料はあるが、国民と政府の意思で作らないことを抑止力としています。それを背景として、G7、EU、NATO、G20、ASEANの国々に呼びかけて、事務総長を後押しし、即時停戦への努力に奔走すべきではなかったのでしょうか？　それは、総理大臣の決断と外務省の後押しがあれば、国連総会の時点では可能でした。広島の平和記念祭に国連事務総長が来られ、NPTの会議にも首相が出席し、せっかく安倍総理の「積極的な平和主義」を継承したと宣言した岸田文雄総理ですから、俯瞰的にものを見て、本当に平和主義を実践することで、ウクライナに真の平和が来ることと、国連の総会と事務総長の力を強め、あるべき姿に近づける大きな可能性がありました。日本の覚悟を期待したいのですが。

ロシアのウクライナ侵略によって、主権国家であり中立を保ってきた国々が、自国の平和と安定に危機を感じて速やかに行動を起こしました。モルドバのマイア・サンドゥ大統領は2022年3月3日にEU加盟を申請しました。彼女はその早い決断と実行力でアイアンレディと呼ばれています。もちろん、サッチャー首相を彷彿《ほうふつ》とさせる決断力だからでしょうが、実際にお逢いした時は物静かで冷静な方でした。また、フィンランドのニーニスト大統領とサンナ・マリン首相は5月18日にNATO加盟を申請しました。スウェーデンのアンデション首相は、国内の政治基盤が盤石ではない中で、フィンランドと同じ5月18日にNATOへの加盟を申請しました。スウェーデンもフィンランドも自国防衛のために武器の製造を行い、輸出もしています。永世中立国を標榜するスイスもハリネズミ国家と言われるほどの軍備を整備し、各家庭に核シェルター、食料の備蓄も義務付けているのです。日本の非武装とは全く異なる認識で欧州は動いています。

日本は、この教訓から、直接の情報の入手・分析・政策への反映、いざという時に機能する防衛体制の整備・戦略・戦術能力の向上を考え直さなければ、国民の生命と国土を守ることができません。他方、平和構築のイニシアティブを取ることは、日本の国際的貢献の大きな特徴にできるのです。平和は構築しなければ手に入りません。そして平和を維持するためには、人の努力と財源も必要なのです。この分野において米国は不得手であるので、その米国を巻き込む戦略を取ることが肝要です。それには、核を作れる技術、財政、原材料があるが、国民と政治の意思により作らないということを抑止力として、核保有国である英仏との連携を強め、また、核は保有しないが民主主義国としての立場をとっているカナダやドイツとの連携もできる信念と外交力、そして、それを実行できる人材の活用・育成が急務なのです。

ケンブリッジ大学で出会ったアリストテレス（２０００年前のギリシャの哲学者）の言葉をご紹介します。

“It is more difficult to organize peace than to win a war, but the fruits of victory will be lost if the peace is not well organized.”

今こそ、人間として、社会として、生命倫理や死生観、共同体の形を日本という国に、そして、国際社会に問い直す時ではないでしょうか。

1－6　自然災害への援用

近年、地球温暖化の影響もあって、世界では、これまでにないほど自然災害が頻発しています。例えば、地震、津波、洪水、干ばつ、森林火災、噴火、竜巻、ハリケーン、台風、サイクロンなどが頻発していますが、スイス・リーによると、2017年だけで自然災害の損失は約36兆円に上ります。これは、日本の国家予算の歳入に迫る金額です。

私は予防外交という概念は自然災害にも援用できると考えています。自然災害は、紛争と異なり、発生を防ぐことはできません。しかし、備えれば減災することは可能です。また、将来の災害に備えた復興・再建をすることによって、大幅な減災も可能になります。したがって、この予防外交に基づけば、災害後の復興とは元に戻すのではなく、防災・減災にさらに強い街づくりを実現する機会ととらえることができるのです。具体的に考えてみましょう。

①発生前に防災・減災への準備をする
②発生時、速やかに被災者の救助・救出をする
③災害からの復旧
④将来の災害の減災のための復興・再建

となります。

日本は、自然災害で苦しむたびに、次に備えての工夫・努力を続けてきています。すなわち、④将来の災害の減災のための復興・再建に加えて、新たな取り組みをしてきているのです。このような国は国際社会の中でも珍しい存在です。だからこそ、日本が何百年にわたって培ってきたノウハウを、今こそ、国際社会への貢献として、きちんとまとめて提供すべき時が来ているのです。

例えば、1995年の阪神・淡路大震災の時には、法的な壁により、被害が大きくなったといえましょう。

例を挙げると、現在は外国で検疫してきた救助犬の検疫は免除されます。がれきの下での生存者の探索には訓練された救助犬が大きな力となります。ところが、当時日本においては緊急時の適応という概念がなく、責任を追及されたくない役人にとっては、犬の検疫は6ヶ月という法律を盾に犬の活動を許可しなかったのです。英国のレスキュー隊が地震発生から24時間以内に到着したにもかかわらず、です。

また、日本の医師法によって、外国人医師の医療活動は禁止されています。阪神・淡路大震災の時には、近隣のアジアの国々から多くの医療関係者が来日し、医療活動を手伝おうとしました。ところが、日本の医師法では日本の医師免許がない人は、たとえ自国で医師免許を持っていたとしても、日本での医療行為は許可されておらず、補助的な役割を担うことを強いられました。国家、国際的に認知されている医師団などの医療活動は数日後に認められました。それは、医師団を派遣できる国々の申し出を日本政府は断ったので、国際的に人道援助を拒否したと日本政府が非難されました。途端に、数日後に数ヶ国からの医師団を受け入れたという経緯がありました。その後、緊急事態における医療活動のあり方が大きく変わったのです。

さらに、道路交通法による私権の規制ができるようになりました。これは、阪神・淡路大震災が起こったのは朝食の準備の最中だったこともあり、あちらこちらで火災が発生しました。そこで、近隣の県や市から、消防自動車や救急車が神戸に向かったのですが、神戸市内から避難する自家用車がすべてのレーンを埋め尽くして、結局、多くの応援の消防車も救急車も神戸に入れなかったのです。この教訓から、道路交通法の緊急事態への対応が定められました。

これらの教訓は、東日本大震災の時には、すべて生かされました。

東日本大震災では、死者の90・6％は溺死でした。溺死者の中には、水の中での低体温症や漂流物との衝突など、さまざまな要因がありました。そこで、私が代表を務める国際津波防災学会においては、溺死を防ぐための浮遊車両や浮遊バスの開発、多目的使用の防潮堤の工夫、耐性の強い街づくりを象徴するスマートシティの研究が進行中です。さらに、オランダのフローティング・ハウスや建築物の専門家との意見交換もしており、いずれ、日本とオランダが洪水や津波に強い街づくりに協力できることを期待しています。

同時に、日本では耐震構造基準が震度5から震度6強~7に引き上げられて、２０１７年までには95％の小中学校の改修工事が終了しています。もちろん、小学校での防災教育が徹底されているのも、日本の備えであります。

これらの経験やノウハウは、自然災害が頻発している各国への大きな貢献となることを日本政府はしっかり認識して、海外への組織的な貢献を実施してほしいものです。国民の命を守ることが進んだ国家の証でもあるのですから。

1－7－1　感染症パンデミックへの援用

予防外交はＣＯＶＩＤ―19のようなパンデミックにも援用できます。

①　患者が発症前に準備する
②　感染拡大を防ぐ
③　感染を収束させる
④　第2波、第3波に備える

現在も猛威を振るっているＣＯＶＩＤ―19への各国の対処を検証してみましょう。すると、2020年当時、全く方法は異なりますが、ドイツと台湾がこの予防外交の原則にのっとって対応していたことが明らかになりました。

台湾は島国なので水際対策もうまくいっていますが、ドイツの場合は、シェンゲン条約により国境を接する9ヶ国との往来を完全に止めることはできません。また旧西ドイツ各州に比べて旧東ドイツ各州が経済格差に苦しんでいるので、ロックダウン的な経済活動停止に対して、補償をしていても不満があります。さらに、ドイツは米国や英国と異なり、自国だけワクチン接種をすすめるのではなく、EU域内各国と歩調を合わせているので、成果が見えにくい面もあります。しかし、オミクロンは、米国、英国、フランスのようには拡大していません。

1－7－2　ドイツのケース

①患者発症前に準備する（2020年1月）

・ホームドクターが患者を振り分け「乾いたせき、発熱、息苦しさのいずれかの症状」があればコロナ感染症の疑いで検査をする

・軽度、中度、重度の程度によって受け入れ病院・施設を振り分ける。コロナ対応病院と一般疾病対応病院を区別する体制をひと月ほどかけて構築。ベッド確保のための補助金は国が支

出。

・医療従事者の防護服などの医療物資及び救命・救急機器は政府が保証して官民挙げて国内外から大量に調達した

・国と州の明確な役割分担の仕組みを構築

②感染拡大を防ぐ（2月・3月）

・学校休校措置

・国境の封鎖

・3月21日から順次、州が外出禁止令を発出

・国が3ヶ月分の経済的損失の75％を補償。メルケル首相が「できるだけ官僚的でない方法で迅速に……」と国民に呼びかけ、申請から最短3日で補償金が届く

・3月26日現在で、ＰＣＲ検査は50万人を超え、検査数、陽性数、死者数など正確な数字を国民に公表し、透明性を徹底させ、国民の信頼感を高めた

・3月末には、イタリアやフランスから重症患者の治療を引き受けた

③感染を収束させる（5月）

・感染者の減少、及び実効再生産数に基づき、マスク着装、フィジカルディスタンスの順守を条件に、順次経済活動を再開

④第2波、第3波へ備える

・東欧からの外国人労働者や難民施設でクラスターが発生したが、州の判断で外出自粛などの

措置をとる

・国境再開や試合前後のＰＣＲ検査を義務付けたサッカーの試合を無観客で再開

特筆すべき点として、以下の事象が挙げられる。

①ホームドクターなどの医療体制の平時からの備えがある

②ロベルト・コッホ研究所のような政府から独立した医学研究機関が機能している

③「法の前では皆平等」の精神で高度治療が受けられる医療システムが充実している

④政府が客観的な現状を把握したうえで、経済支援や経済活動再開などと両立できる医療体制の構築のイニシアティブを取っている

⑤経済活動の制限と経済活動の補償がセットで施行されている

⑥国が一体となってコロナに対応しており、首相自らが、国民を信頼して論拠と政策・施策の透明性を図り、説明責任を果たしているので、国民の信頼度は非常に高い

しかし、コロナ対応の優等生といわれるドイツであっても、ＥＵ、シェンゲン条約締結国の市民及びその家族の往来を継続して経済活動との両立を図ろうという政策や変異株の拡大によって、第2波は感染拡大が止まらず、また死者も増え続けた。11月2日から飲食店や娯楽施設を閉鎖する部分的なロックダウンを導入したが、その後も一日当たり1万人を超え、11月25日からの部分的なロックダウンを12月20日まで延長した。さらに、12月14日には、より厳格なロックダウンに踏み切った。ドイツの場合は、第1波は予防外交的には成功を収めたが、第2波は変異株の拡大もあり、また、経済格差のある旧東ドイツの各州から、ロックダウンに対する

不満・反対の動きが強まり、メルケル首相も苦戦している。２０２０年12月9日のメルケル首相の演説には、実数に基づく分析と見通し、そして、第2波の初期対応の甘さを認識して国民に謝罪したうえで、さらなる国民の理解と協力を求めるものであり、大多数のドイツ国民は納得して、厳しい規制に協力した。また、メルケル首相は「このロックダウンと解除を繰り返すのは、ワクチン開発への時間稼ぎである」として、国民の理解と協力を求めた。そして、実際には、ドイツのビンテックと米国のファイザー社の共同開発により世界で最も早くワクチンの開発製造に成功した。

日本をはじめ、他の先進国との大きな違いは、第2波のロックダウンでも、前年同月の売上げの75％までの補償金が速やかに出るので、飲食店なども倒産せずにこらえている点である。すなわち、飲食店も、娯楽施設も、芸術活動も、体力は弱ってはいるが、我慢できる額の補償によって、ロックダウンが解除されたのちに、種々の経済活動のスムーズな復興が期待できる。これは、戦後の復興からのドイツの堅実な価値観による質素な生活ぶり、透明性のある国家運営と積極的な経済活動のたまものと評価できる。残念ながら、日本の国家予算の現実を見ると、このような補償をする力があるかどうか疑問である。

1－7－3　台湾のケース

台湾の場合も、この予防外交の４段階をきちんと踏襲している。ただし、政策や方法は、ドイツとは全く異なる。

①感染者発症前に備える（２０１９年11月〜２０２０年1月）
・12月にはすでにＷＨＯに対して、武漢の医療状況の異常について報告している
・各担当大臣がそれぞれの所掌において、新型コロナウイルスに対峙して、国全体が一体となって協力する体制を構築
・専門家会議の設置（1月５日）
・新型コロナ総合指揮官を任命

②感染拡大を防ぐ
・中国湖北省からの入国禁止措置（1月20日）
・総合的なマスク情報システムがＩＴ大臣により構築される
・政府は、２３００万人の国民に対し、マスク２０００万枚を製造すると発表し、国内に92台のマスク生産設備を確保し、２０２０年3月９日までに２０００万枚を生産した

・重要なデータを国民に公開し、透明性を高めることで、政府は国民の信頼を得た
・蔡総統は「8大重要経済回復政策」を発表
③感染を収束させる
・上記の総合的政策を確実に実行することで、収束に至る
・欧州、米国、日本などの友好国にマスクを寄贈
④第2波、第3波に備える
①②③を用心しながら粛々とこなして、国内の経済活動も復活しているので、④の段階では、軍艦での集団感染が起こったが、その他にはまさに水際対策を漏らさずに粛々と行っているので、備えができている。台湾は、ドイツと異なり、地理的にも島国であるので、海外からの水際防衛も奏功していると言える。

実は、台湾の場合は、SARSの時に、WHOからも情報を得られなかった苦い経験から、以下の3点を今回の新型コロナウイスル感染の前に実現していたことが奏功したと言える。
・国際社会での正確な情報収集体制を確立した
・緊急時に発令できる法的な措置を平時に整えた
・CDCにより設立された中央流行疫情指揮中心機関も、今回大きな役割を果たした
ただ、現実には散発的にクラスターが発生しているので、ワクチン確保へ国民の期待があり、政府は確保のために外交を駆使して、日本からもワクチンを提供したが、結果的には、日本よ

り早く自前のワクチンの開発に成功している。

以上のように、この予防外交の概念をパンデミックに援用すると、日本のことわざの「備えあれば憂いなし」にぴたりと適応するのです。しかし、残念ながら、日本政府の対応は後手後手の感はまぬかれません。

コロナ禍がいつ終息するかはわかりません。しかし、政府は多額の補正予算を計上するなら、この3年間に日本が学び、何年後かの新たなパンデミックに備え、さらには万が一コロナが長引いたり大きな山が来る時にも、患者の命、一般疾病患者の命、医療従事者の命そして、生活困窮者の命を守ることができるような備えを、社会生活が戻ってきた今こそなすべきではないでしょうか。

①厚生省と労働省の分離独立

＊コロナの医療体制の確立と経済・雇用・労働対策を同じ省庁で対応するのは大きな矛盾。ゆえに、どちらの対策も後手後手になった。

＊危機感に乏しく、専門家会議も通常の審議会や委員会と同様なメンバーの選定、会議スケジュール、運営方法も通常と同じ。緊急対応ではなかった。

＊厚生大臣は、雇用問題等にも時間を割かれ、コロナ対応に集中できず、気の毒な状態だった。

＊非常時に備えた医療、衛生の体制づくりは、第5波を受けてようやく検討。相当遅い。

＊厚労省の薬事承認システムも平時と同じ70％の有効率を求めている。他方、米国の「50％の有効率で緊急承認」の薬を認めており、ようやく7波になって加速。
＊国立大学病院、公立病院、私立大学病院、私立大規模病院、各地の医院を有機的に網羅し、機能的に感染症患者と一般疾病患者の治療に専念し、また、医療従事者の一時的な配置転換による体制強化は国が主導すべき。医師会の手に余る課題だった。
＊「すべての国民の命を守る」という国家としての責任を果たすためには、厚生省と労働省をきちんと区別する省庁改編が不可欠です。統合から20年、見直すべき時がきた。

②新型コロナ特措法の見直し
今回改正された特措法では、不十分。
＊私権の制限と休業や時短への補償をセットにして規定すべき。
＊必要な人に速やかに情報や資金が届くように、ドイツのように平時とは異なる実施方法を定めておくべき。

③情報収集体制の確立
＊パンデミックに関しては、紛争・戦争や自然災害の場合と同様、素早い情報の収集、分析、政策提案という基本的な政権運営が不可欠。
＊正確な素早い情報の収集が予防措置を講じる基礎で、さらに安全保障、自然災害などの分野

でも国民と国土を守るための危機管理の基本中の基本。
＊国際的に通用する諜報活動や危機管理を担える人材の育成・訓練も急務。

④政府から独立した疾病研究機関の設立

＊パンデミックのような緊急時には、政府に対して客観的な論拠を提示し、総合的な医療体制の確認や、必要な医療的な施策を提案する専門家機関が必要。
＊この機関は、厳正に中立性を守り、国が財政的な責任を持つが、口は出さないという姿勢に徹することが肝要。
＊日常的に海外のＣＤＣやロベルト・コッホ研究所などと常時情報交換し、信頼関係を築いておくことができるような専門的な任務を担う人材の養成が喫緊の課題。

⑤医療体制の充実

＊ＷＨＯ２０１０による人口１０００人当たりの医師数の国際比較では、１位カタール87・4人、２位キューバ81・０人、３位ギリシャ61・９人であり、日本は55位の53・１人。
＊病床数は、日本がダントツの１位で、人口１０００人あたり90・３床、ドイツは５位で68・３床、英国は51位の46・７床、米国は60位の47・５床。
＊日本は、ホームドクター制度がないので、医師数は少ないが、ベッド数が多い。
＊ＯＥＣＤによると、ＣＴやＭＲＩなどの医療機器設備は日本が１位であるが、医師数は多く

はない。

＊国の大学医学部の減員の方針は、増員の方向への見直しが必要。

＊コロナ感染者において、高齢者の介護施設や介護付きホームでクラスターが多発しており、看護と介護の連携できる医療施設が必要。

＊医師、看護師に加え、介護士の育成・養成も急務。

＊平時には、日本の医療制度は皆保険もあり非常に優れている。しかし、予防外交的視点から緊急時の体制へ移行できる準備体制を整えておくことが肝要。

⑥プライチェーンの見直し──経済安全保障の一環

＊日本は、バブル時代から労働力の安い中国やアジアの国々に生産拠点を移し、他方、高度な技術の必要な製品は国内でという方向に舵を切ってきた。

＊リーマンショックや東日本大震災、パンデミックなどを体験し、マスク不足や医療用ガウンをゴミ袋で代替するなどの光景を目にして、改めて、食料、生活必需品、医療用品、医療機器などをできるだけ、国内で生産するようなサプライチェーンの見直しが急務。

＊レアメタルなど国内で産出できない素材については、調達先を複数に分けるなどの危機対応の工夫をすべき。

＊日本が緊急事態になった時のために、国が備蓄できる物資は半年分の備え、また、日本国内生産に変えられるものには、補助金を出してでも確保すべき。

＊物質的な側面のみならず、サプライチェーンの見直しは、日本が高度成長を遂げて、世界第2位の経済大国になって、「お金さえ出せば何でも買えるし、何でもできる」という拝金主義的な価値観がいまだに蔓延している。

＊国の借金を減らす健全な国家予算編成の努力をしないと、緊急事態宣言や自粛要請への十分な補償ができず、補償という概念及び施策を緊急事態特措法に盛り込めない。

＊物資の調達のみならず、意識の改革、国家予算のあり方など、ポストコロナの経済再開、発展を視野に、サプライチェーン改革を国家プロジェクトして、早急な着手を期待。

今こそ、このような準備をしておけば、いつパンデミックが起こっても日本は予防外交につとって国民の生命を守り、犠牲を最小限に抑えることができるのです。

第4章

選択のできる国・日本へ

1　現代日本の特徴

さて、ブルントラントが言ったように、21世紀はアジアの時代です。それは、19世紀のヨーロッパ、そして20世紀の米国で築かれてきた欧米の価値観に依存してきた世界が、別の価値観を持つ民族や国家との共存という意味で、価値観の多様化を認識しなければならない時代になってきたということです。１００年後には、アフリカの時代や中南米の時代も来るかもしれません。その意味で、女性の生き方、幸せも多様化すべき時代になってきたのです。21世紀は、ゆるやかな「和」を尊重しながら共存するアジア型の生き方を、「個」を尊重する欧米型との共存を追求することが、ポストコロナの時代に大事な価値観となってきました。

そこで、戦後日本の国がたどってきた道に、もう一度光を当て、国際社会の一員としての日本の特徴を考えてみましょう。

① 日本は原子爆弾投下により何十万人もの命を失った国です。そのことにより、日本は技術や財力がありながら、政治的国民の意思で核兵器を作らないと決めました。近年、世界の核兵器に関する状況は、非常に心配です。Arms Control Association（ＮＧＯ武器管理団体）

の2017年の報告によると、核兵器に関して英国は微減、フランス・インド・イスラエルは変化なし、米国・ロシア・中国・パキスタンは微増という状況です。

②日本は第一次世界大戦で勝利し近隣諸国に対して傲慢に振る舞いましたが、第二次世界大戦で大敗し苦しむことになりました。その結果、本土は7年間、沖縄は約20年にわたり、米国の占領下に置かれました。その結果、人々の道徳感は吹き飛ばされて価値観の変化に戸惑い、特に夫を戦争で失い子供を抱えた女性は本当につらい時を過ごしました。その結果、日本は勝者と敗者の経験をしました。その体験を生かして、国際社会の紛争や戦争の仲介者としての役割を担うことができるはずです。

③第二次世界大戦後、夢中で働いた日本人は急激な経済発展を遂げ、少数の先進国の仲間入りを果たし、発展途上国のモデルとなりました。言い換えれば、日本が再軍備して軍事大国になることに対する国際社会の反対により、日本は防衛を米国に依存し経済に邁進することができたのです。それゆえ、世界が直面するテロ、サイバー安保、海賊、地域紛争などの問題解決にどのような役割を果たせるか、果たすべきかを注意深く考えなければなりません。

④宗教に関しては、日本は非常にユニークな国です。歴史的に見ても、日本は儒教、神道、仏教などを受け入れてきました。さらに、厳しい時を経てキリスト教やユダヤ教も受け入れています。日本には80余のイスラム教のモスクも小規模ですがあります。ですから日本においては、中東・アフリカ・中南米などにおけるような宗教戦争・紛争はありません。しかし、一方で、不可思議な宗教的な活動もまかりとおり、オウム真理教（現・Aleph）のような悲

劇を生みました。

⑤日本は自然と水には恵まれていますが、いわゆる自然資源には恵まれていません。その代わり、産業・工業や自然保護などの面で高度な技術を生み出しました。農業の生産性の高さや優良な保存・配送システムなどを開発しました。さらには、電力供給、水道や運送システムは世界最高水準にあります。しかし、リーマンショック以来、日本経済は低迷し続け、今や個人所得の水準は24位にランクされてしまいました。また、性急に成果を求める補助金政策により、地道な基礎研究に携わる人材が不足し、有能な多くの人材が海外からの厚遇オファーを受け入れて、海外で活躍している事実も懸念されます。

⑥東日本大震災における福島第一原発の事故により、エネルギー資源が議論になっていますが、もし、日本がこの原発事故をきちんと科学的に検証できれば、これからも国際社会で建設され続けるであろう原発の安全性に大きく寄与できるのですが、10年経過してもまだ十分な検証ができていません。日本は「敗戦」を「終戦」と呼び、今回のコロナ禍も2年経っても、科学的・医学的検証ができていません。戦後、親の時代には、例えば「弱きを助け強きをくじく」というような武道の精神をはじめ、「徳」「品性・品格」「質実剛健」「奥ゆかしい」「慈愛」など、それまでの価値観をすべて否定され、米国の基準が正義となり、大変な価値観の混乱をきたしました。そこで、マイナスの要素に対する科学的検証を避けるようになり、マイナスはなかったことにするか、隠すという傾向が主流になりました。でも、現実にはマイナスの時こそ、検証し反省することにより、そこからプラスに転じるジャンプアッ

プの最大のチャンスなのですから、その点をよく認識し改善しなければ、日本の未来は明かりが見えません。

このような現実を踏まえ、日本が新たな時代に踏み出すには、エンパシーの視座を十分に生かすことが肝要です。そのためには、細部への心配りができる女性の細やかな視点を生かす国になることが期待されます。

2　選択できる社会を目指せ

進んだ社会とは「選択できる社会」と考えています。そこで、どのような選択肢があるのか、考えてみましょう。選択のできる社会とは、自分の人生をどう生きるかを選択するということです。これは、もちろん途中変更も可能です。

1つ目のチョイスは、「専業主婦」です。私の母は、「外で仕事をするのと同じくらい、一人の人間を育てるのも素晴らしい仕事よ」と言っていましたし、明治生まれの父でしたが、「外で働くお父さんと、家や子供を守って私を支えるお母さんが協力しているからこうして生活できるので、私の給与の半分はお母さんの働いた分だ」と、母をねぎらっておりました。母は専業主婦で3人の娘を育てるために、食事から、しつけ、服装・おしゃれ、そして学業と一所懸命に子供たちに尽くしてくれました。

私が仕事をしているの見て、子育てを手伝ってはくれましたが、多分、自分がしたようには私が子供たちにしていないので、親心から「一人の人間を育てるのも一仕事」と言ったのだと思います。実は、私もずっと長い間、「自分が親にしてもらったほど、自分の子供には親らしいことをしていない」といつも罪の意識が頭をよぎっていました。ですから、私が子育てしていた当時とは比べ物にならないほど、公的・社会的支援が実現している現在、両立しやすくなったとしても、主婦業・母親業に専念するのも大きな決断だと思います。自分で選んで決めたのなら、「ただの主婦です」と後ろ向きにならずに、「主婦業です！」「母業です！」と大手を振ってください。近い将来、「専業主夫」というカテゴリーも生まれるでしょう。

そして、女性だけでなく、男性も選択できるというシステムにしないと、社会は回りません。ですから、これからは否定的な発想ではなく、胸を張って「専業主婦（主夫）業です！」と言えるように、本人も、夫も、家族も、そして社会も意識を変えることが期待されます。

2つ目のチョイスは、Mシェイプの生き方です。この場合は、再就職するころには年齢も40歳・50歳となり、また、仕事の経験もはるかかなたで、すぐに生かすことはできないので、多くは、パートタイマーとしてしか就業の機会はありません。そこで、このような方々のために、社会復帰に備えて、数年前から準備ができる制度を設立し、機能させる必要があります。

米国などでも、普通に活用されていますが、例えば、専門職（看護師、教師、技師など）の場合は、最新の講習を受け、実習することで、まずは、すぐに役に立つ知識と技術を身に付け直し、公的に認知されている修了書を受け取る。さらに、願わくば、本人が持っている資格より一段上の資格を取得する。米国外交官の妻の実例では、小学校の教員として働いていましたが、日本への赴任と子供の誕生のため、教師を辞めざるを得ませんでした。しかし、日本にいて、子育てにある程度手がかからなくなったら、米国の教員資格の修士号を通信教育で受けて、

3週間のみ本国で教育実習を行い、修士号を取得しました。そして夫の任期が終わり米国に帰国した時には、日本よりも手軽にベビーシッターを雇えますし、さらにワンランク上の資格と、実際の子育てで得た知識を評価されて、小学校の教師の職を得ました。すなわち、フルタイムで元の立場に戻ることができたのです。そのような、通信教育の利点を活用した資格アップや、新たな知識の習得などを公的に活用することが、大きな力になるのです。

そのためには、国がこうした方針をきちんと打ち出し、放送大学の活用や、通信教育の幅を広げるなどの政策を立案し、各都道府県や政令指定都市に予算の裏付けを提示して実施できるような制度設計をすることが肝要です。

3つ目のチョイスは、働く女性としてのチョイスです。この場合は、出産・育児休暇が、どのような小さな会社でも取得でき、さらには、元の立場に戻れるような法制度が厳格に適用されなければなりません。その制度を無視する中小企業の中で、「あなたの代わりはいくらでもいます」と言われ、何万人という女性が、実質的には解雇されてきたのです。形式的には、ほとんどが自主退職ということで片づけられています。そこで、この働き続ける母親を支えるには、以下の公的支援が不可欠です。

まず、保育所・幼稚園の継続的な政策の実現を挙げたいと思います。保育所は厚生労働省、幼稚園は文科省ですが、今の時代、未就学児童のケアの問題は、一元化して継続的に育児をするものです。その中で、例えば、自然に特化した幼稚園を選ぶのか、読み書きなどを基本的にマスターできる幼稚園を選ぶのか、語学学習に特化する幼稚園を選ぶのか、少人数の保育を選ぶのか、集団的な環境の保育を選ぶのかは、親が選択できるようにすべきです。また、保育所の設置の場所については、何十年も前に、ファインスタイン市長がサンフランシスコで実現したような、親の職場近くに保育所を作る方式もあるでしょうし、ヘルシンキのように駅の近くに保育所を設置する方式もあるでしょう。要は、両親が子供を預け、そして、引き取るのが便利な場所に設置することです。

また、ベビーシッターの育成と資格の付与も考えられるべきです。無認可保育所は廃止すべきです。中には劣悪な環境、例えばタバコを吸いながら育児に当たっているところもあり、すべての保育所は国の基準を満たし、監督も可能な経営方式でなければなりません。保育所が足りないのなら、国が、税金からの予算の無駄をなくして、子育てのために使うべきです。フィンランドのように、社会性を身に付けるために多くの子供と過ごさせたいと思う親は保育所を選ぶでしょうし、少数で面倒を見てほしいと願う親は、資格のある保育士の家に4人以下限定で預けるというチョイスがあります。また、自分の家で、ベビーシッターを雇って、面倒を見てもらいたいと考える親もいるでしょう。

ですから、保育士とは別に、ベビーシッターの国家資格を創設し、一定の賃金を補償するやり方もあります。特に、子育ての経験のある中年の女性は、パートに出る場合が多いようですが、資格を取って、ベビーシッターをするという選択も可能になります。子育ての経験があり、まだ子供の面倒をみるだけの体力があれば、核家族化している社会においては、預けるほうも自分の家で経験豊かなシッターに預けるほうが安心という人も多いはずです。資格のあるベビーシッターの派遣業も有益になるでしょう。

また、日本には「髪結いの亭主」という語があります。これは、妻の働きで家計を支え、決断し、夫の生活費も稼ぐという、たくましく働く女性を象徴する言葉です。他方、農業も小さな商店も、日本では昔から夫婦共働きでした。2人で協力して家庭・家計を支えてきたのです。いわゆる共働きの一つの形態です。ですから、現代的にオフィスや家庭外の場所で仕事をすることだけが、働く女性ではありません。形や方法は異なっても、日本には働く女性の伝統もあるのです。

さらに、世界一高齢化の進む日本においては、介護の問題も、子育てと同じように重要です。介護施設、特に特別養護老人ホームなどは、常に待機待ちです。また、個人の尊厳を大事にしてくれる介護施設は、非常に高額です。自宅で24時間の介護を人手に頼るとなると、自分の給料より高額になります。仕方なく、仕事を辞めて親の介護をすることになると、親をみとった後、再就職できる年齢ではなくなりますし、貯金は親の介護で使い果たしたとなると、誰が自分の介護をしてくれるのか、あるいは、誰がみとってくれるのか不安ばかりが募ります。

これから「こども家庭庁」を政府がつくるそうですが、これらの全部の輪廻をきちんととらえて、総合的な家族支援をするのでなければ意味がありません。他の先進国を表面的にまねて、一番大事な部分が抜け落ちて、なあなあの制度になりがちな日本の制度設計も、根本的に見直すべき時ではないでしょうか。

すなわち、年功序列が限界にきている社会の現状を見ると、それを打破することが重要です。さらに、リモートワークの普及によって、仕事と住まいの関係も変わってくるでしょう。これによって、居住環境のチョイスが可能になります。この根底には、政府と企業の意識改革が不可欠の要素となります。すなわち、男性、特にリーダーの意識改革が大事な要素となるでしょう。それは、幼少期からの家庭及び幼稚園や学校での男の子の育て方が影響することが多々あります。

また、コロナ禍で2年間ペンディングになっているWAWを再開するに当たって、初回の国問研、経団連、日経等の協力を得て最終的には国・外務省が動いて成功裏に行った1・5トラックの国際会議の様式に立ち戻り、男性と一緒に女性の活動を考えるポストコロナの時代を想定したイベントができれば、それも大きな一助となるでしょう。

このように、女性が自分の生き方を専業主婦、Mシェイプ、働く女性の中から選択できるようになるには、保育所と幼稚園の一元化、リモートワークの推進、ベビーシッター、子育てを終えた主婦を主な対象としたチャイルドシッターの資格確立と養成機関の充実、リカレント教育の充実、リモート学習の充実、そして、年功序列の打破への企業の意識改革が必要です。あれもこれもできるわけがないと思うなら、政府は子育ての経験もあり、苦労してきた老壮青の女性を登用するのも良いアイディアだと思います。現政府にはお父さんは何人かいるようですが、お母さんはほとんど見えません。言い換えれば、日本の政治や経済の分野の意思決定に、女性の視点をもっと加味できれば、低迷する経済から脱却し、いわゆるクオリティ・オヴ・ライフを女性も男性も享受できるようになるでしょう。

3　実現へ向けての基本的な3要素

ここでは、ポストコロナの時代に国際社会において、「人間の安全保障」や「予防外交」を実現するために、そして、国内においては女性も男性も「選択できる社会」にするために必要な要素を考えてみましょう。

民族、宗教、皮膚の色、国籍を超えて、すべての人々が教育、ライフライン、医療、インフラのサポートを受け、安心・安定の生活を送るためには、国際的ネットワークが肝要です。同じ方向を目指している国々であっても、それぞれの国には、政治、経済、安全保障、社会、集団的思考などの違いがあるので、それぞれが得意分野を生かして、地域や国際社会の安定と安心をつくり上げる新しい国際秩序が模索されているのです。そして、その変化に対応するには、女性の特性でもある柔軟性、耐性、我慢強さなどが大きな力となると期待されます。そのために、3つの要素を提案をしたいのです。

① Social Resilience（社会の耐性）を確実にする

現在の国際社会における紛争や戦争の不安定要素に加え、自然災害の増加により、人々の命が危機にひんする事態が頻発しています。特に、高齢化社会における一病息災の時代ということを認識し、パンデミックによって、突然、行動の自由、ビジネスのチャレンジや新たな企画の断念等々、命の危機と同様に生活の危機に直面する人々への対応を想定し、備えておくことが重要です。したがって、国が責任を取ることは当然ですが、各都道府県、さらには市町村やコミュニティー自体が、法的にも、住民の意識も、そしてインフラも、紛争や災害やパンデミックが起こった時に耐性と強さを持っていなければなりません。それが、ソーシャル・レジリアンスの目指すところです。

今回の新型コロナウイルスのパンデミックに際して、例えば、聖路加国際病院では、独自の判断で、救急窓口にコロナ感染者用の検査場を設け、病棟には、コロナ患者専用の病床フロアを設けるなど、流行の山が来る前に速やかに区分けなどを行ったのです。すなわち、日本では国の指針が出ないので、結局、個々の病院や当該医師会が頑張ることになりました。私は、この医療機関の努力は高く評価されるべきだと考えます。しかし本来は、ドイツのように、国が補償を伴って、病院の仕分けや医療具の調達などの方針を示し、各州政府が、それぞれの地方の事情を考慮して実施していくことが自然であり、現実的であり、そして、実効性も高いことを認識し、政治は責任を持ってそのような仕組みを実現してほしいし、それができる日本であると信じています。

非常事態や緊急事態が起こった時にこそ、社会の実力が発揮されるのですから、何事もない平時に備えをしておくことが、真の意味のソーシャル・レジリアンスです。日本は、これからに備え、ポストコロナの今こそ、国は政策として、紛争や戦争、自然災害、そしてパンデミックに強い耐性と復元力のある体制をつくり、それを実現するために、総合的視座、俯瞰的視点、実行力のある人材の地道な育成にしっかりと予算と手間を掛けられるかどうかが問われています。

②Common Interests（共通の利益）の重要性の普及

例えば、貿易問題に注目してみると、国際社会はグローバル化が進み、マルティラテラルな産業・貿易を進化させなければならないと考えているのですが、中には、自己利益のみを追求する国も散見されます。一時的には自国の利益を実現したとしても、これだけ複雑に関連している世界の国々の現状では、早晩、自国の利益に対してもブーメランのように厳しい状況が襲ってくることを、各国の政治リーダーは認識しなければなりません。

今回の新型コロナウイルスのパンデミックが引き起こしたのは、命を守るという大義名分の下での、医療防護用具の争奪戦であり、ワクチン開発による巨大な利益をどの国が得るかということであり、国際社会が協力し合うよりも反目し合いました。しかし、ドイツは2020年

3月にはイタリアやフランスの重症者を受け入れ治療しています。ワクチン接種のあり方も、EUのリーダーとしてわきまえた方策をとりました。また、台湾は友好国へマスクを供与していましたし、2021年8月にはすでに、米国と共同開発で独自のワクチン開発・製造・使用を開始しています。

日本は、残念ながら、後手後手の施策の上に迷走という、国内のみを視野にした政府の対応でした。日本のような国民の意識が高く、国の技術力や資金があれば、危機管理としての予防外交にのっとった基本的な対処・対応ができたはずです。そうすれば、国民は国を信頼し、また、政府も自信を持って経済と両立させながら、国際社会にも貢献しながら、ウィズコロナの時代を生き抜くことができるはずです。その意味でも、日本政府はcommon interestsをしっかりと認識してほしいものです。同時に、世界で、自国オンリーになっている各国の指導者にも、その重要性を認識してもらいたいのです。

③バランスの時代の確立

国際社会においても、国家においても、そして個人においても、バランスを取ることの重要性が、この21世紀の課題です。さらに、ポストコロナのパラダイムチェンジには、偏らずにバランスを取りながら、世の中を変えていく賢明なリーダーが求められています。私たち個人もまた、極端に偏るのではなく、バランスを取った判断と行動が肝要になります。例えば、

＊開発　対　環境保全
＊グローバリゼーション　対　リジョナリゼーション（地域化）
＊高度なテクノロジー情報　対　個人情報の保護
＊仕事　対　余暇
＊物質主義　対　精神主義
＊男性　対　女性
＊軍事的解決　対　非軍事的解決方法
＊国益　対　国際益（＝共通の利益）
などが挙げられます。

以上、選択できる社会を実現するための基本的な3つの要素の提案です。

あとがき

私が、なぜこの本を書こうと考えたかという気持ちを語りたいと思います。

私の母校の創設者である、津田梅子が女子教育で目指した「オールラウンドウィメン（all round women）」という言葉で表した「視野を広く持って学ぶこと。そして一人の人間として自立して生きること」を次の世代の女性たちにも伝え、そして、同世代の女性たちには、幾つになっても自由で心豊かな生き方をしてほしいとの思いからです。さらには、決して温かな国と言えない現在の日本を、俯瞰的に日本国内、国際社会を見る眼と揺るがない信念を持ち、しかも「人」に対する配慮のある真のステーツマン／ウィメンが育ち、真の温かな国としての日本の将来に向けての国家運営をしてほしいと願うからです。

津田梅子は、広く知られているように、父の決断によって6歳の時に岩倉使節団の一員として渡米し、11年間米国のクウェーカー教徒の家庭で育ちました。そして18歳で帰国した時に、米国の女性と日本の女性の地位の差に驚いたと言います。そこで、24歳の時に再び米国に留学し、セブンシスターズと呼ばれた東部7女子大学の一つであるブリンマー大学で生物学を専攻し、良質な大学教育を受けて、女性にとって教育の重要性を認識して、１９００年に麹町（現・千代田区一番町）に女子英学塾を創設したのです。

現在、津田塾大学は東京都小平市にあります。実は私は迷った末に津田塾大学に行くことに決めた背景には、受験の時に体験した二つの要素があります。一つは、キャンパスに大学の建物を建設する際に、武蔵野の雑木林の樹を一本も切らずにすべてキャンパス内に移植したということを知ったからです。今のようにエコだとかSDGsなどのコンセプトが生まれる前に、津田梅子は自然を大事にする精神を持っていたのです。生物学を専攻したからかなと思っていました。後に私がオックスフォード大学の上席客員研究員として英国にいた時に、緑に囲まれた小川のそばにあるセント・ヒルダス・カレッジの学舎が津田とそっくりで、びっくりしました。いぶかって調べてみると、オックスフォード大学で講演した初めての日本人は、なんとこのセント・ヒルダス・カレッジに半年留学していた津田梅子だったのです。そこで、津田塾大学と英国津田会が協力して、紅白の梅を植えたウメコ・ガーデンができました。

もう一つは、私のように地方から来た受験生は、寮に宿泊して受験することができました。当時は受験科目は英数国社理の5科目でしたので、受験は2日間ありました。1日目の試験を終えて寮に戻ると、ほとんどの受験生が財布からお札だけが盗まれていて大騒ぎになりました。寮内には男性は入れませんので、受験生の母親を装った女性の犯行に違いありません。その時、3年生の寮長が、一人ひとりに盗まれた金額を聞いて回りました。そして、その日のうちに、申請したそのままの金額をすべての被害受験生に支払ったのです。寮に宿泊した受験生が精神的な動揺で不利にならないようにという大学の配慮でした。それを即断したのが、後に結婚式の司式をしてくださった藤田たき学長でした。私は、人間に対する温かい配慮と自然を守る心のあるその精神に感動し、津田塾を選んだのです。

津田梅子と同様に、総合的視座を持ち、優しさと温かさを備えた配慮のある、そしてブレない信念と決断力を身に付け、人一倍の努力を惜しまない生き方をしてきた、私の出会った素敵な世界のリーダーである女性たちを、是非、日本の女性の皆さんに伝えたいとの思いで書き綴りました。

長い歴史に裏打ちされた日本を、温かい心の通う、そして、国際社会にも信頼される凛として自立した日本を創ることができるのはAll Round Japanese Womenということではないでしょうか?

この拙著は、運良く私が出会った国も時代も分野も異なる素敵な女性達について、また、国連におけるオリジナルの人間の安全保障や予防外交などの非伝統的な安全保障について、そしてまた、それを日本がどの様に活かして、国際社会の一員として貢献でき、日本の国民が真の豊かさを享受できる、そのための要素を考えるという大きなチャレンジでありました。さらに、脱稿した後、エリザベス女王の逝去、心配していたウクライナ南部のロシア化の動きや懸念していたイスラエルの政変など、内容にかかわる事変がおきて、出版がずれ込みました。また12月にはモルドバのマリア・サンドゥ大統領とお会いする機会もありました。

その間、丁寧に纏めて下さった原田明さん、しっかり編集・校正・校閲を頑張って下さった池田和人さんとその仲間の皆さん、繊細に表紙や帯をデザインして下さった竹内真太郎さん、印刷製本のシナノの皆さん、そして販売を引き受けて頂いた産経新聞出版等々、出版に携わって下さった多くの方々に、心から感謝申し上げます。

また、推薦文をお書き下さった私が敬愛する芳野友子さんや飯田喜美枝さん、そして信頼する上川陽子さん、橋本聖子さん、小渕優子さんにも、温かくしかも時宜を得た力強いメッセージをお寄せ頂きまして、ありがとうございました。

そして、高円宮憲仁親王妃久子殿下が私がお書きすることを快く承諾して下さったことには、特段の敬意と感謝を表します。

私は、この書の最後として、米国の日米協会で講演した折、司会をしたモンデール副大統領、駐日大使が私を紹介した時の言葉をお伝えし、皆さんに問いかけたいと思います。

それは“a secret weapon of Japan is Japanese Women”です。

この言葉に、私はびっくりすると同時に大変勇気づけられました。

この言葉の含蓄する意味を私なりに解釈すると、女性が持つエンパシーの視点と予防外交的、複眼的視点、そして現実的な決断の速さなど、女性に与えられた特性に他なりません。

先進国であり、民主主義国家である日本においては、欠落している人間の安全保障及び予防外交の視点での社会制度の構築が急務です。日本は、子供、高齢者、体の不自由な人、生活困窮者などの弱者にとって、決して温かい国とは言えないのが現状なので、これを変えなければなりません。

ポストコロナで変わっていく日本社会、そして国際社会は、行動様式も、私たちの日常生活も、そして価値観も、さらには国際関係も変わっていくことが考えられます。その時である「今」だからこそ、先人の知恵や努力を学び、日本らしさを大切にしながら、あまねく人々が心安らかに、安心し、安定して生活できる平和な社会を構築するための具体的・現実的な新しい社会の秩序に合った制度を構築するのは、これから活躍する若い人たちとこれまで力を発揮できなかった女性たちでしょう。

女性が幸せになることは男性が幸せになることであり、そして、子供が幸せになることです。そして、最終的には社会が、国が、世界が幸せになることです。

人々がREAL HAPPY PEOPLEになる国や国際社会を創る為には、日本の持てる最大のシークレットウェポン（秘密兵器）は「女性の力・若者の力」なのではないでしょうか？

良きご縁に感謝を込めて

山中燁子

マリソル・エスピノサ・ペルー副大統領と著者

国際会議での著者

世界を動かした素敵な女性トップリーダー23人
国際的に活躍できる日本の女性リーダーを創る

2023年1月31日　第1刷発行

著　　者　山中燁子
発 行 者　原田　明
発 行 所　株式会社リフレクト

発　　売　株式会社産経新聞出版
〒100-8077 東京都千代田区大手町1-7-2 産經新聞社8階
電話 03-3242-9930　FAX 03-3243-0573

印刷・製本　株式会社シナノ
編　　集　池田和人
デザイン　竹内真太郎（スパロウ）
編集協力　株式会社スパロウ

ISBN976-4-86306-164-4 C0031